世界，万象书中藏

万·象

云南大学“双一流”建设项目
2023年云南省研究生优质课程建设项目

罗强强　赵　佳
主编

2023年中国综合社会调查
（云南）笔记

田野里的中国

社会科学文献出版社
SOCIAL SCIENCES ACADEMIC PRESS (CHINA)

图书在版编目(CIP)数据

田野里的中国：2023年中国综合社会调查（云南）笔记／罗强强，赵佳主编．--北京：社会科学文献出版社，2025.9.--ISBN 978-7-5228-4391-9

Ⅰ．D668

中国国家版本馆CIP数据核字第2024Z6P950号

田野里的中国

——2023年中国综合社会调查(云南)笔记

主　　编／罗强强　赵　佳

出 版 人／冀祥德
责任编辑／刘　荣　朱　勤
责任印制／岳　阳

出　　版／社会科学文献出版社（010）59367011
地址：北京市北三环中路甲29号院华龙大厦　邮编：100029
网址：www.ssap.com.cn
发　　行／社会科学文献出版社（010）59367028
印　　装／三河市龙林印务有限公司

规　　格／开　本：889mm×1194mm　1/32
印　张：8.625　字　数：201千字
版　　次／2025年9月第1版　2025年9月第1次印刷
书　　号／ISBN 978-7-5228-4391-9
定　　价／89.00元

读者服务电话：4008918866

2023 年 7 月，中国综合社会调查（CGSS）云南项目组先后到访大理白族自治州剑川县、昆明市寻甸回族彝族自治县、昭通市巧家县和玉溪市新平彝族傣族自治县的 14 个村（社区），进行了为期 12 天的社会调查，最终形成了这本社会调查笔记。

罗强强

汉族，云南大学政府管理学院教授、博士生导师。

赵　佳

满族，云南大学政府管理学院讲师、硕士生导师。

李　懿

2000 年 12 月生于云南大理，白族，云南大学政府管理学院行政管理专业 2022 级硕士研究生。

邵婉楠

1997 年 5 月生于云南玉溪，汉族，云南师范大学法学与社会学学院人类学专业 2023 级硕士研究生。

时睿一

2004 年 6 月生于北京海淀，汉族，云南大学政府管理学院政治学与行政学专业 2022 级本科生。

方瑞韬

1996 年 9 月生于云南昆明，彝族，云南大学政府管理学院外国哲学专业 2022 级硕士研究生。

郭光玉

1999 年 2 月生于云南大理，汉族，

云南大学政府管理学院行政管理专业

2022 级硕士研究生。

杨　航

2000 年 7 月生于云南玉溪，汉族，

云南大学政府管理学院公共管理系

2022 级硕士研究生。

代　梦

2000 年 2 月生于云南开远，汉族，

云南师范大学法学与社会学学院人类

学专业 2022 级硕士研究生。

陈瑞雪

1999 年 12 月生于山西运城，汉族，云南民族大学艺术学院中国少数民族艺术专业 2021 级硕士研究生。

杜雨霏

1998 年 2 月生于宁夏银川，汉族，云南财经大学财政与公共管理学院公共管理专业 2023 级硕士研究生。

普焕莲

2000 年 10 月生于云南曲靖，彝族，云南大学民族学与社会学学院（社会工作学院）民族学专业 2021 级本科生。

项　善

2003 年 2 月生于浙江温州，汉族，中共党员，云南大学政府管理学院公共事业管理专业 2021 级本科生。

杨李婕

1999 年 9 月生于云南大理，白族，云南大学政府管理学院民族政治学专业 2022 级硕士研究生。

张晓婧

2004 年 12 月生于湖南株洲，汉族，云南大学政府管理学院政治学与行政学专业 2022 级本科生。

房玉泽

2000 年 1 月生于云南昭通，汉族，云南大学政府管理学院政治学系 2022 级硕士研究生。

方文丽

1999 年 12 月生于安徽合肥，汉族，云南大学民族学与社会学学院（社会工作学院）社会工作系 2022 级硕士研究生。

梁　铌

2000 年 6 月生于广西玉林，汉族，云南大学政府管理学院行政管理专业 2022 级本科生。

王晨烨

2000 年 10 月生于云南文山，汉族，云南财经大学印度洋地区研究中心国际政治专业 2023 级硕士研究生。

薛智英

1998 年 2 月生于宁夏银川，汉族，英国杜伦大学政府与国际事务学院国际关系专业 2020 级硕士研究生。

张境芳

1996 年 7 月生于山西忻州，汉族，山西大学继续教育学院 2018 级硕士研究生。

从社会调查中探寻真知

——序《田野里的中国》

欣闻云南大学罗强强教授等主编的《田野里的中国》即将出版，作为中国综合社会调查（CGSS）的发起人之一，我受邀为此书撰写序言，深感荣幸。二十余年来，我亲眼见证了 CGSS 的发展历程。这本即将面世的《田野里的中国》是参与 CGSS 的云南大学等高校师生们的田野笔记，细读之下不仅勾起了我对 CGSS 这些年来发展历程的回忆，也为我提供了一个契机，得以对 CGSS 二十余年的发展做一番总结。

中国人民大学诞生于抗日烽火中，具有光荣的革命传统和鲜明的红色基因。学校一直秉承着调查研究这一传家宝，在实践中引导青年用脚步丈量祖国大地，用眼睛发现中国精神，用耳朵倾听人民呼声，用内心感应时代脉搏，将对祖国血浓于水、与人民同呼吸共命运的情感贯穿学业全过程、融汇于事业追求之中。

正是在这样的背景下，中国人民大学社会学系与香港科技大学社会科学部于2003年联合发起了我国最早的全国性、综合性、连续性学术调查项目——中国综合社会调查（Chinese General Social Survey，CGSS）。自2010年起，该项目由中国人民大学中国调查与数据中心负责组织实施，并联合全国各省、自治区、直辖市的60多所大学及科研机构组成了中国社会调查网络（CSSN），每年对中国各省、自治区、直辖市10000多户家庭进行连续性横截面调查。CGSS项目的目的在于：通过对城乡家庭的年度社会调查，系统地观测社会结构和生活质量的变化，收集并建立中国社会变动趋势的追踪资料数据库，阐释具有理论和实践意义的相关问题，为国内外学术界提供研究数据资源。

CGSS系统全面收集社会、社区、家庭、个人多个层次的数据，总结社会变迁趋势，探讨具有重大科学和现实意义的议题，推动了国内科学研究的开放与共享，充当了多学科的经济与社会数据采集平台和国际比较研究数据资料平台。

云南大学是中国社会调查网络联盟高校之一，也是中国社会学的重镇，一直非常重视社会调查工作。过去，吴文藻、费孝通等社会学大师云集魁阁，本着“志在富民”的理念，在西南地区展开了一系列社会调查，产生了一批至今对推进中国式现代化有重要启发意义的经典之作。云南大学政府管理学院罗强强教授作为CGSS项目云南省的负责人，十余年来深度参与中国人民大学中国调查与数据中心的项目，与中心建立了深厚的情谊。2021年，他从宁夏大学调任云南大学，引导学生在社会调查中认识和记录中国社会。《田野里的中国》正是从时代感着力，深挖思政元素，聚焦改革开放40多年来发展成果，将国情教育、区情教育贯穿社会实践全过程，打造出行走在祖国西南地区的思政课堂。对于大多数学子而言，参加中国社会调查不仅是一次具有挑战性的实践磨炼，更是一次深入基层认识国情、感知时代发展脉搏的难得机会。每一份问卷不仅是一份细致的数据采集工具，更是参与调查的高校学子下沉到社会基层、观察微观家庭、深入体验和观察中国国情的生动社会实践。

同学们在丈量祖国大地中认识国情，在实践调研中真切感受到改革开放40多年来我国城乡发展与居民生活质量的巨大变化，由此实现了学校小课堂同社会大课堂的有机结合。同学们从大理剑川县到昆明寻甸县，从昭通巧家县到玉溪新平县，顶着烈日，走街串巷，翻山越岭，真正做到了用脚步丈量祖国大地，在躬身实践中认识中国国情，在走访千家万户中培育家国情怀，在跟踪调查中见证时代变迁。《田野里的中国》真实记录了访问员、督导员视角的云南省情、调研心得与调研反思，虽然文笔尚显青涩，但我们或许可以从中读懂今天的中国。他们从自己的想象和书本理论中跳脱出来，对中国式现代化进程中的社会现实和经济发展有了更加真切立体的认知，从认识乡土中国的表面纹理，到剖析脚下每一寸土地的深层逻辑，在参与社会调查中感知最鲜活的时代发展脉搏。

《田野里的中国》将社会调查与田野实践相结合、社会实践与课堂教学相结合，形成了“思想政治教育 + 专业能力培养 + 学术实践创新”的立体化育人体系，有效解决了传统理论和实践育人深度不够和效果欠佳的问题，为祖国培养青年人才起到了很好的探索作用。《田野里的中国》处处呈现参与 CGSS 的师生们关注民生、自觉担负时代重任的使命感，其中部分文章还对社会调查问卷设计及项目本身进行了深入反思，为后续深入推进这一项目提供了一定的参考价值。

近年来，我国出版了多本有关社会调查方法与技术的书籍，但能够以叙事方式呈现调查研究是获得真知灼见的源头活水、是做好工作的基本功的著作还不多见。可以说，《田野里的中国》恰恰通过云南的田野实践呈现了 CGSS 的特色，让社会调查在提供基础数据的同时发挥为国育才的功能。我们期待这一作品能够尽早问世，为当代青年积极参与社会调查、投身现代化建设提供精神指引。

是为序。

中国人民大学社会学系　李路路

2024 年 8 月 19 日

目　录

第一编　风吹麦浪

——步入田野的诗行

彩云之下，处处生花…………………………李　懿 / 003

水云佳处看回来……………………………邵婉楠 / 019

行行重行行…………………………………时睿一 / 034

那就把头伸出窗外…………………………方瑞韬 / 045

我与乡土中国的故事………………………郭光玉 / 059

乡村治理浅思………………………………杨　航 / 074

第二编　心灵之旅

——田野上的思考与成长

短暂的调查之旅……………………………代　梦 / 091

路……………………………………………陈瑞雪 / 103

青山隐隐水迢迢……………………………杜雨霏 / 111

在盛夏的田野中成长………………………普焕莲 / 127

一个浙江人的云南基层观察………………项　善 / 140

穿越云南：从课堂到田野的心灵之旅…… 杨李婕 / 151

在象牙塔之外………………………… 张晓婧 / 166

第三编 思想之种

——在知与行间播种

以平静之心调研，以利他之心勤勉……… 房玉泽 / 183

田野调查中的关系哲学……………… 方文丽 / 197

社会信任…………………………… 梁 铌 / 212

云南四州县调查札记………………… 王晨烨 / 224

数据中的理性和人文………………… 薛智英 / 238

青衿之志，履践致远………………… 张境芳 / 251

后 记……………………………………… 264

第一编　风吹麦浪

——步入田野的诗行

彩云之下，处处生花

李　懿

引　言

2023年7月，我们中国综合社会调查（CGSS）云南团队踏上了我的故乡——彩云之南，开始了为期半个多月的入户调研旅程。大巴车一路颠簸，窗外的景色像画一般一帧一帧从眼前闪过，有些模糊，但很深刻。

在此之前，我一直都对CGSS这个项目是“中国第一个全国性、综合性、连续性的大型社会调查项目”有所耳闻，内心一直很期待能够有机会参与到调研中。作为一个没有什么社会调查经验的行政管理专业学生来说，我深知要谨记习近平总书记所说的“用脚步丈量祖国大地，用眼睛发现中国精神，用耳朵倾听人民呼声，用内心感应时代脉搏”[①]。政

①《习言道|“希望广大青年用脚步丈量祖国大地”》，中国新闻网，2022年4月27日，http:// www.chinanews.com.cn/gn/2022/04-27/9740519.shtml。

策的制定不能坐着拍脑袋，“没有调查，就没有发言权”[①]。对于社会调查，我的内心充满了向往。想要理解中国，理解自己所居住的故土、发展自己的家乡，只有实实在在地去花时间扎根、汲取养分，才能说得出中国故事、家乡故事。在整理我的调研心得过程中，我始终为能有这样一次难逢的机会而庆幸，将我的所思所想记录下来，便是这篇文章的缘起。

之前我从没参与过如此大型的社会调查活动，只有参加比赛的经历，借着比赛的由头走出去看了看，可以说是一个没有社会调查经验的人，对社会调查也没有深刻的理解。只是通过费孝通先生对中国乡村的深入研究，了解到中国乡村社会的传统文化、道德观念、家族制度和社会结构等。这些对于我们今天实施乡村振兴战略、推动乡村发展具有重要意义。在新时代背景下，乡村振兴战略已成为我国发展的关键任务之一。为了实现这一目标，我们需要深入了解乡村社会的实际情况，费孝通先生在《江村经济》一书中指出，研究人员有必要把自己的调查限定在一个小的社会单位内来进行，这个社会单位也不宜太小，它应能提供人们社会生活的较完整的切片。[②]村庄就是一个很好的调查范围，我们通过对中国家庭进行抽样来科学选择我们的入户对象。想要了解中国社会，就要到基层去，深入乡土。

感谢这次调研，让我有机会从另外一个角度去观察中国乡村，了解中国社会；很感谢罗老师和两位督导员的指导和照顾，让我有机会参与这次调研、完成这次调研；也很感谢

① 《毛泽东文集》第二卷，人民出版社，1993，第 382 页。

② 费孝通:《江村经济》，戴可景译，生活·读书·新知三联书店，2021，第 23 页。

遇到的所有访问员小伙伴和所有配合调研的受访者，因为他们，我在这个调研过程中收获了太多太多……

一 古道游记

大理剑川县位于云南“三江并流”保护区南端和“一带一路”经济带上，作为茶马古道上的重要驿站之一，它见证了历史变迁和文化交流。剑川是我们调研的第一站，也是我感受最为深刻的一站。也许是因为这是我比较熟悉的一片土地，也有可能是因为这是我们开始调研的起点。

语言是调研中最重要的环节之一。剑川县作为大理白族自治州内主要的白族聚居县，是全国白族人口比例最高的县份，我们去的村子里 90% 以上是讲白语的。白语是白族的语言，白文一直没有发展成为成熟、规范、通用的民族文字，已经失传，靠着口口相传到如今。从剑川县一路向南到大理，白族传统逐渐汉化，其语言发展也出现“十里不同音”的特点。我虽是白族，但只能听懂一二，不会说，在很正宗的白语面前，我只能寻求帮助。

早晨的剑川古镇在薄雾散开之际苏醒，我和队友小吉在古镇早街的一家早点铺吃早餐，主街道上的行人虽然很少，多是一些本地居民，但街道上充满了烟火气息，我们选择了街边的一个小桌坐下，聊起前一天入户的人家，收获颇丰。

甸南位于剑川县南部。木雕、刺绣是当地特色的手工艺品，工艺精湛，但并不是家家户户都会这些技艺。当地手工艺品制作业和旅游业快速发展，温和的气候、肥沃的土地，使得甸南的农业也十分丰富。种植业主要种植水稻、小麦、玉米、油菜等粮食作物，以及烤烟、茶叶等经济作物；牛、羊、猪、鸡等牲畜和家禽的养殖也是当地重要的经济来源。

在甸南某村调研当天，刚好碰上下雨，我们小组一直“奋战”到晚上 9 点才离开村委会。由于是刚刚开始入户，经验不足，加之每家每户情况都不同，小组成员多少都遇到了拒访或是家里没人的情况，其中几户还是到田里或厂里去“追”上的。而且村里老人居多，一份问卷要是遇上年纪稍微大一些的老人家，就得花费上一个多小时近两个小时，嗓子眼都说冒烟了，访谈却仍要继续。好在有当地村委会带我们去和被访者沟通，否则，谁愿意搭理我们这些“外来的陌生人”。

那天，我访问的第一户人家，便是上了年纪的老人。但出乎我的意料，这户人家的爷爷奶奶很和蔼可亲，就像我自己的外公外婆一样，我能够感受到爷爷奶奶溢出来的幸福感。他们把我当成了自己人，很开心我陪他们说话，还很热情地给我吃李子。他们不会说普通话，全程我都与他们用方言交流，其间担心我听不懂他们的白语，他们把自己的孙子找来帮我翻译问卷内容，这帮助了我很多。当我问到他们“您觉得自己幸福吗？”这个问题的时候，爷爷奶奶笑眯眯地看着我，毫不犹豫地回答：“非常幸福！”晃眼间，我感觉我在这户人家待了好久好久，感觉好像好久好久以前我就认识了他们，这是我从未有过的体验。我想也是因为这个好的开始，让我对接下来即将面临的每一户人家都充满了期待。

说来也奇怪，我一直觉得在一个地区生活的话，人们的思想观念应该大差不差的，但事实上，在访谈过程中，我发现对很多问题的回答，同一地区不同年龄段的人有较大的差异。印象最为深刻的是一位孃孃“女性自我意识”的觉醒。我们去调研的那段时间正好是农忙的时候，很多被抽到的样本户，到家里找不到人，只能到制烟厂里去寻，然后“缠”着他们完成问卷。许是幸运，我在厂里遇到的孃孃一直很配合我。她似乎过得很辛苦，每天有做不完的家务做不完的活，但是她又似乎很快乐很满足。她说：“我很幸福，我和我老公一起努力，他在外面做事，我就把家里搞得干干净净整整齐齐的，我其他的也不会，我就把我能做的都做好，因为我的生活都是我靠我的双手努力来的，我过得很踏实。”她娇小的身躯里似乎充满了能量。

其实，她的思想还是遵循着传统的“男主外，女主内”观念，但她的思想又不是被固化的，她在传统中找寻到了自我价值的实现，所以，她感到幸福。孃孃十分愿意分享，问卷之外，她好像还有很多话想说，她虽然受教育程度较低，但一直坚持听广播看电视新闻，充实自己。在与她交谈的时候我了解到，除了家庭，她把她的工作也做得很好，她努力用自己的双手实现着自己的价值，让我看到了新时代农村妇女的勤劳与坚韧。这是我在这个村访谈多户人家后，为数不多的惊喜。

“他们都好好啊，好朴实，好真诚！”这是我剑川调研结束后最大的感触。小吉之前调研过，比较有经验，当我和小吉聊起这些，小吉同我说，有的人其实是不愿意“坦诚相待”的。毕竟调研访谈回答的过程是主观的，这些问题的回答具有“内隐性”，就像我们在沙溪调研的过程中有个受访者说“我家里没有钱，我过得一点不开心，只有我一个人带孙子”，访谈过程中还会掉几滴眼泪。实际上，根据村委会的了解，那人的家庭条件并不差，但是家庭关系复杂，有着各种各样的矛盾，当遇到可以“吐苦水”的人，就会选择抱怨。我们这些外来的陌生人，一时半会儿不可能了解清楚全貌，他们期待着我们会向政府带去他们的心中所想。一瞬间，我似乎理解了基层工作的难处，政策在基层贯彻落实的过程中，阻碍重重，在工作中可能面临被误解被质疑。确实，我们与被访者只是一两个小时的接触，在调研过程中要学会去判断回答的真实性，要多观察、仔细倾听才行，只有多听多看多观察，才有意想不到的发现。

二　泥土生花

第二站我们来到了寻甸，这是一个由回族、彝族和其他少数民族组成的一个多民族自治县，民族风情浓郁。我们团队到访的村里，人们用当地语言交流，终于，我也开始在语言上碰壁。只能看谁的运气好，抽到的是家里有年轻人会普通话的人家。

在村干部们的带领下，与居民接触变得容易。53 岁的回族大妈热情地从村口将我邀到家中，一路着急忙慌地同我交代她一会儿要去干的活，让我在下午 3 点之前访问完，颇有一番逐客之意。我刚准备在大妈身旁落下，她便出声制止我：“你别坐我旁边，你就坐那儿，别过来了！”我愣神。他们下午 3 点得下地里干活，现在已经两点了，这个地方虽说是讲云南话，但口音时而辨识不清楚，一个小时绝对不够，我开始慌起来，以为大妈会将我“请”出去，可没想到她说：“我刚刚去挑了粪，臭得很，脏！你不要坐我旁边！”原来大妈是担心我被弄脏。我回应着没事没事，便坐到了她旁边，许是这个举动，和她拉近了距离。

终于，她开始回答我的问题，让我猝不及防的是，她一直在反问我，期望得到我的肯定。调查前培训的时候，老师就反复强调过不要引导受访者的回答也不要帮受访者回答，当时我还在想，我们不过是把问题念出来等待回答，怎么会出现这种情况呢，直到我真正遇到，我才明白，受访者很担心自己会说错话，所以一直小心翼翼地回答我的问题。这个过程中，十分锻炼访问员的“定力”，我必须和自己说“不要接话，不要接话”，然后再反复同她强调“说自己的想法就好”。

眼看下午 3 点马上到了，大妈开始收拾起来，给我的回答也开始变得敷衍，她开始赶我走了，说已经配合了我这么久怎么还没有结束，她要下地里去了，我心头一紧，看着已完成三分之二的问卷，心底一个声音直冲脑门：“不要放弃！追上去！”就此，我开始了一段“死缠烂打”，大妈见我如此努力执着，便同意了让我随她去，我一路端着电脑一路不停地问，烈日当头，大妈时不时来一句“别问啦，别问啦，太阳这么大，你和我下地里要晒黑的！”我一开始以为是她已经不耐烦，没想到她实际上是在担心我被太阳晒。我端着被烤烫的电脑说没事没事，辛苦大妈，马上结束了，终于，走到她家地边，问完了问卷，我舒了一口气，第一次深刻感受到社会调查原来也是个体力活，但看着下地的大妈，一想到他们一天 8~10 个小时在地里忙活，生活不容易，他们却一直努力着，我的鼻尖一酸，我这点小累算什么呢……

他们的生活似乎被苦难裹挟，但在此，我绝不是歌颂苦难的意思。每个人在社会上都有自己所扮演的角色，都有不同的境遇，不是我们必须经历苦难，而是我们没有选择的余地。大妈已经年近六十，想想看她的一辈子都在田地里与泥土、稻谷打交道，在他们的认知里，安安稳稳过完一生就是所谓成功了。可是转念一想，如果没有辛勤劳动的他们，这些泥土便永远都是泥土，也不会有稻谷，也不会有现在的一切；从宏观的角度来看，像大妈这样的农民，在保障食品供应、促进经济发展、保护文化和生态环境、维护社会稳定以及确保粮食安全等方面都发挥了重要的作用。他们是这片土地上最伟大的人，也是这片土地上最好的“花匠”。

临走时，大妈向我表达感谢，说我辛苦了，可是我却开心不起来，竟还有一种“扰民”的苦恼涌上心头，我不知道我所做的一切会不会对他们有帮助，也不知道这一个多小时时间是不是打扰了他们宁静的生活。我收拾好电脑，一抬头被太阳晃到了眼，愣了一秒发现自己被绿色包围，好似在田野中迷失了方向。泥土中是可以生花的，看着这片绿油油的稻田，我想，无论我走在怎样的道路上，我能做的就是要保持一颗积极向上的心，如这片土地上的作物一般，不断向上生长，有一天能够反哺这片土地上的人们。在回村委会的路上，我的思绪飘了好远……

图 1　调研途中的景色

李懿 2023 年 7 月摄于寻甸田野间

三　走不出大山的人

“好热啊！”下大巴车后大家一致感叹。

昭通市巧家县是我们调研中最热的地方。巧家县历史悠久，文化底蕴深厚，是多民族聚居地，辖区内有汉族、彝族、苗族等多个民族。县名源自金沙江流域，因地形多巧妙的峡谷而得名，有着丰富的自然资源、独特的民族文化和多元的产业结构。一路的奔波就已让大家疲惫不堪，加上热浪袭人，大家的心情不觉地烦躁起来。

巧家县的气候根据海拔的高低呈现不同的特征，在这里，村民们主要种植水稻、玉米、小麦、油菜、甘蔗等农作物，苹果、柑橘、葡萄等果树也有广泛种植，经济作物包括烤烟、茶叶、中药材等，同时还养殖牛、羊、猪、鸡等牲畜和家禽。我们一小组调研的两个村庄都在山上，一路上能够看到多样的农作物。面包车带着我们一路摇摇晃晃，大山里的空气灌入车内，烦躁的心情渐渐舒缓了下来。不过山路很难走，加上村里每家每户间隔距离很远，一家在山的这头，一家在山的那头，使得这一路十分波折。

图 2　山中一户人家

李懿 2023 年 7 月摄于巧家县杨家湾村

幸运的是，我们去的那天，村委会刚好组织了厨师技能培训，很多村民都来到了村委会，非常感谢村干部们的支持，协助我们将村民召集在一块进行问卷调查，一切都进展得很顺利。我机械地重复着我的工作，在一个个相差不大的回答中感到麻木，这个村里的所有人的回答好像都一样，还能有别的不一样吗？第二天，村干部拉着我和小吉坐着山地摩托到某村和一群大爹做调查的时候，我和小吉对他们的回答感到惊诧，却感到无力，被深深的无力感席卷……

当我问到“最近一年里有没有离开家里在外过夜”这个问题，几个大爹的回答都是“我从出生就在这里，我没有出去过，出去干嘛，地里的活都干不完呢，哪有什么时间出去”。问毕，一个应该是村小组组长的大爹对我们说：“你们这个问卷真的会反映到政府不？哎呀，你们问的人太对啦！刚刚那两个叔叔是咱村最惨最需要帮助的了，他们两个的老婆都跑了，都是自己带着孩子过，也没有什么收入，太难了啊，你们快让政府帮帮他们！”我和小吉互看了一眼，陷入沉默，我们不知道怎么回答，我们做的事真的能帮到他们吗？我开始问自己，却感到一阵迷茫和失落。

我和小吉在访问结束后，啃着大爹给我们的梨子，在山头转了一转，看着远处在大爹家愉快地打牌消遣的那些大爹，不语，沉默了很久，远远地看着他们，真的好像没有什么烦恼，也不知道这是不是算一件好事，也许是我们的思维过于复杂，瞎操心。

说实话，我感到很生气，我气他们没有追求，气他们不为后代努力，气他们得过且过，也气他们为什么不走出大山。大山好似禁锢了他们这一代人，而出去的年轻人大概率再也不会回来。当我在村里访问一位奶奶时，一提到她的子女，她就开始流泪，我用手为她拭去眼角的眼泪，心里一阵难受。奶奶说她的孩子们都不管他们，出去了一年也不一定回来一次，他们还一直拿不到政府的低保，两个白发苍苍的老人好似找到了宣泄口，奶奶止不住地流泪，告诉我她的腰也疼，腿也疼，她一点都不幸福……直到向村干部了解才知道，因为她的孩子有豪车，他们又是在一个户口本上，老人家不符合条件，所以一直没有低保，但是孩子又不管他们，他们又不愿分家，情况复杂，一言难尽。

这一个村庄，让我好似看遍了世间百态。这也让我意识到基层治理的不易，政策的落实是对基层干部极大的考验，基层的实际情况往往比想象中更加复杂、困难，村干部就那么几个，每天要跑这跑那解决各种鸡毛蒜皮的事，还面临上级各种检查的压力，在真真切切感受后，我对村干部的敬佩油然而生。此时，我开始体会到社会调查的真正意义。

这里的风景真的很好，但是这里的故事，我感到悲伤，更多的是无力。有的村民已经在大山生了根，可能永远都走不出大山。

四　蜂蜜和芒果

玉溪新平县是调研的最后一站。大雨冲刷着沿途的路，我的心情也在回忆一段一段的故事中逐渐趋于平静，我本以为我的心情不会再有太大的波动了，但没有想到，在这趟令人疲惫的旅途结束之际，我会感到不舍。果然，永远最打动人心的，是人与人之间的真诚，这也是我这一趟最大的收获。

新平县历史悠久，文化底蕴深厚，也是一个多民族聚居地，辖区内有哈尼族、彝族、傣族、汉族等多个民族。新平县气候温和，土地肥沃，主要种植水稻、玉米、甘蔗、茶叶、烟草等，以其丰富的水果种植而著名，主要有柑橘、葡萄、龙眼、荔枝等，在新平县调研的一路上，放眼望去，满山的柑橘和茶树。

赵大爹家是我这趟社会调查的最后一家。大爹和我老爸差不多年纪，他因为痛风在家待了三年，手脚都很不方便，第一眼见到他时，脚上还肿着一个大包。我随着村委会工作人员到他家时，只有他一人在家。赵大爹是彝族，口音很重，我听他说话比较费劲，整个访谈过程需要全神贯注地去听去理解，毫不夸张，我有那么一瞬间被瞌睡虫入脑，差点就要闭眼睡了过去，赵大爹却一直眉飞色舞地和我讲着。他老婆出门采茶了，许是没有人聊天，他努力用“方言普通话”和我讲着，待到问卷结束，大爹起身不知去向，片刻后，大爹拿来一罐蜂蜜让我带走，我说：“我不能拿，谢谢您的好意！”我起身就要往外走，大爹又匆忙往厨房走去，给我拿了个袋子，把蜂蜜装上，追着我，让我一定收下，不知怎的，一种苦涩、愧疚、感动，还有一些说不上来的情绪在我的心里翻江倒海，实在推脱不了，我拿着那罐蜂蜜愣愣地和大爹道别。按照要求，我们是不允许在被访户家中吃饭或是互送东西的，但是每一位被访户在我们的拒绝下，都会更加热情，三番五次想将我们留下，一路以来，我们收获的大多是热情和善意。

从赵大爹家出来，走出去十几米远，被小吉和阿玉叫住，她们被几个和蔼的奶奶留在家里，喊我去和她们一起坐一坐，想着任务已经完成了，我便去了，后来同小组的两个男生路过，也被我们叫了进来。在奶奶家里，我们聊了很多，三个奶奶和我们聊自己的生活，滔滔不绝，她们把家里的大芒果摘下拿给我们吃，还说太喜欢我们了，让我们留下来在家里住，我很开心，她们把我们当成自己的孙子孙女一般，她们脸上洋溢着幸福的笑容。临走时，奶奶让我们一定要再来，我们和奶奶说有机会我们一定会！但现实是，未来大概率没有机会再来到这里了，一个几乎不可能实现的承诺，我们清楚，奶奶们也清楚，但在这一瞬间，我们都一口一个“好的，奶奶”，不断附和着。奶奶们把我们送到门口，望着我们离开，直到我们消失在她们视野中，她们才停止挥手。

图3　农户家的水果

李懿2023年7月摄于玉溪新平被访户家中

回到村委会，缓过神来，那种“扰民”的苦恼再次涌上心头。我不知道我做的事能不能真的对他们有用，他们却掏出真心和热情，愿意相信我这个“陌生人”，有的人还会将我们当成希望。我开始质疑自己，但如果不调查，真的没有发言权，因为看不到故事、讲不清楚故事，自然也就不知道人民到底需要什么，我们的调研也许在短期内看不到实际的效果，但我相信在未来的政策决策以及社会发展规划中，能够体现这一“切片”的价值。我很庆幸自己踏出了第一步，他们的故事在我的心里埋下了一颗种子，也许我现在的力量微乎其微，但希望有一天，我能真正成为有力量的人，发挥自己的价值。

五　结语

行笔至此，我似乎真的是在讲故事，这份心得谈不上有多么深刻，但总归是思考了一番。这次调研，让我意识到了自己学术能力的欠缺。社会调查应是感性与理性并存的一个思辨的过程，这个过程要用心去感受、去思考，用笔或是相机去记录。通过调研，能够用文字去反映事实，反映当地发展状况，是一名社科类研究生应该具备的能力，但在这一次社会调研过程中，我的提升空间还有很大。其实我到每一家入户都有不同的思考和感悟，在将感悟总结为文字的时候，却又无法将其“学术包装”起来，一不小心就变成了流水账，当我在书写这个心得的时候，我选择记录下调研中最受触动的片段，故事发生的画面像电影一样在脑海中播放，我终究还是选择了抒情。彩云之南，不仅天空是彩色的，这里的生活也被着上了五颜六色，在彩云之下，处处绽放着绚丽的花朵，我的种子从调研开始时在心中种下，但它的绽放，不只是调研，也不止于调研。

水云佳处看回来

邵婉楠

引 言

将要读研的这个暑假漫长又开心，本科毕业后工作了三年的我决定暂停打工，好好做一些放松的事儿。终于下定决心学车并顺利拿到驾照，和朋友们去香格里拉，完成了我人生中第一次爬雪山，看到了只在视频里见过的美景。正当我的放松计划进入随机模式时，中国综合社会调查（CGSS）云南项目闯入我的视野：社会调查、招募访员、入户访问……“半路出家”跨专业考人类学，我还没有机会参加这类实地调查活动，非常想试试！但我的好奇不是因为没有类似的经历，而是一种既期待又怀疑的矛盾心理。

期待多是源于我的自信。因为我之前在面向中东市场的海外项目组工作，工作中时时被 KPI 鞭策，项目压力大时每天睁眼的第一件事竟是打开手机看前一天的活动数据，工作的日常就是与各种拥有三寸不烂之舌的友商极限拉扯，再与项目组内的其他部门同事配合优化产品。同时，运营工作教会我为目标设计不同维度的数据指标，让我对数据变化更加敏感，使我享受量化带来的便利且对它十分倚赖。我理解 CGSS 所要做的就是量化研究，这算是我擅长的领域。我想，经历过高压的工作环境，也习得许多工作技巧和与人沟通的技巧，我应该可以轻松地胜任访问员工作，并在其中积累下我重回学生身份的第一份宝贵的学术实践经验。

我学习的专业是人类学，学科分类中它被划归为社会学下的二级学科。本应对社会学有基础的学习和了解，但很惭愧一直没有付诸行动。法国社会学年鉴派、整体社会事实、集体表象这几个概念是我在人类学学习中与社会学为数不多的交集。我读过素德·文卡特斯的著作《城中城：社会学家的街头发现》，作者是美国芝加哥大学社会学系博士，为了研究美国黑人街区的贫困问题，他深入当地的黑帮组织，与黑帮大佬 J. T. 建立友情，获得了参与观察的机会，得以写下这部作品。他在开篇部分描述自己如何确定研究选题，如何使用社会学的方法拟定调查问卷，又想以怎样的方式找到调查目标帮助自己完成问卷，然而，J. T. 在相遇的最初便以富有洞见的建议点醒了作者，“你不应该四处问人们那些愚蠢的问题。对于我们这种人，你应该和我们混在一起，了解我们做什么，怎么做。没有人会回答你这类问题的。你应该去理解年轻人是怎么在街上讨生活的”[①]。这让他决心放弃问卷调查法，开始了长达数年的田野调查，在此期间，他不断与

① 〔美〕素德·文卡特斯：《城中城：社会学家的街头发现》，孙飞宇译，上海人民出版社，2016，第 24 页。

田野点的黑帮成员、街区居民以及警察等群体接触，观察黑帮参与街区的政治事务，目睹过帮派火拼。读完这本书，我的收获并不在于了解了黑帮、社区的运作机制或是黑人贫困的问题根源，而在于初步地获知进入田野的不顺利、可能存在的危险，以及面对无法预料的黑暗时，研究者处于怎样的困境。后来由于各种原因，我没再深入了解社会学的相关理论知识，只是因作者对于自己研究方法转变的心路历程的描写，对社会学的问卷调查方式有了一些浅层的思考。问卷意味着尽可能多的样本，意味着提出的所有问题都应可以量化，以便后期利用数据分析得出结论，而每个受访者对于问卷中的问题都可能有不一样的理解，这将导致回答带有较强的主观性，受访者是否根据真实情况回答，更是无从验证……如此得来的结果，我们能认为是科学、客观的吗？我们又能在多大程度上信任这些访谈结果并赖以研究呢？（人类学也曾有关于本学科究竟是探求规律还是寻求意义的论争，但显然，其主流方法为质性研究，我个人也对量化研究应用于大范围的社会调查疑问颇多。）这些疑问将我拉扯向另一头，即对项目运作方式所能达到的效果的不确定，也更加好奇自己所学的一点点相关知识将可以被以怎样的方式运用于实际的调研中。

“吾尝终日而思矣，不如须臾之所学也；吾尝跂而望矣，不如登高之博见也。”[①]CGSS 为我提供了在田野里学习、从实践中思考的机会，我像牛反刍一样把我的调研经历一遍又一遍地回顾，我的心境在访问的每一个目的地随

① 荀子：《劝学》。

着田野遭遇而改变。下面我想按时间顺序，讲述几个在这次调研中让我印象深刻的故事。

一 初到剑川，我长了张靠谱的脸？

我曾在正式开启访问前预想过我将如何解决自己路痴的难题：我会拿着抽样地图走街串巷，不断询问，在路人的帮助下找到分配给我的家户，礼貌地敲门，尽量露出稳重的笑容，专业地背诵出打招呼话术，打消访户的顾虑，请他们配合接受访问……然而，我以一个完全没法想到的方式遇到我的第一个访户——那位孃孃走在街对面，提着刚买的菜正要回家。帮忙带路的居委会大姐连忙叫住她，确认是分配给我的访户后，直接把我“托付”给了她。“大学生，从昆明来做调查呢，”居委会大姐一句简单的介绍表明我的身份，就这么轻松地跳过我精心准备的流程，使我仓促并略带尴尬地跟着一位对我而言还是陌生人的孃孃回了她的家。孃孃的家有一个非常大的院子，里面摆放着许多精心打理过的盆栽（第一天我们组访问的是城市社区，后来我又入户访问了两家，发现他们都有漂亮的大院子，这样的居住环境真是让人羡慕）。孃孃热情地请我坐下，我得知她需要给外出工作的家人准备午饭，想到问卷可能会占用她较久的时间，就告诉她可以一边忙一边回答我的问题，于是我的第一份问卷的完成伴随了一顿美味饭菜的产生。回到住处检查录音时才发现，我无意中为这份问卷录下了背景音乐：切肉声，洗菜声，蔬菜下锅的刺啦声，锅铲与铁锅碰撞发出的乒乒乓乓声……各种声音合奏出一首“厨房变奏曲”。访问大概一个半小时结束，嬢嬢留我一起吃饭。我婉拒后匆忙告别，收拾东西出门，她便从锅里夹出一根刚煮好的玉米，一时找不到方便打包的用具，便抓来一片洗过的菜叶子简单垫着隔热，追到门口塞到我手上。

图 1　来自第一位受访者的“礼物”

邵婉楠 2023 年 7 月摄于大理白族自治州剑川县

同一天下午，我结束第二户的访问时正好下起了雨。我撑着伞走在古城的小巷里，成为这幅巨大的水墨画中一个游移的小点。此情此景，我忍不住运用“摸鱼哲学”，将自己的步调与这小城慢慢的生活节奏相融合。到达当天第三户访户的大门口，门开着，院落的风光只消偏头就能瞥见。这家受访的嬢嬢是一位家庭主妇，她正好在安排几个工人装修厨房。施工难免粉尘飞扬，她没有穿更方便活动或是更耐脏的衣服，而是穿了一条浅粉色的连衣裙，为她本就高挑纤细的身姿增添了几分优雅。在院子接受访问过程中有时需要她去厨房看看，为了不“耽误”我的时间，她就提溜着裙摆小跑，选择最近的路线，轻巧地越过堆在地上的障碍物。她说话时总是笑眯眯的，回答问题反应特别快。当我问及收入相关问题时，她也没有任何犹豫，只说自己没算过，让我帮忙算一下，接着就将自己和老公、孩子分别做什么工作，每月拿多少工资逐一列举——每每回想到这里，我都会提醒自己，我们今天可是第一次见面啊！换作我是受访者，我自认做不到如此坦诚。访问结束后，我夸嬢嬢把院子布置得很漂亮，询问她是否可以拍下院子里那棵造型别致的大树。嬢嬢立即表示随便拍，并开始给我介绍她种的梅子树、石榴树、无花果树，掏出手机向我展示她在果树挂果时记录的照片，“今年梅子结了太多，我就做了点梅子醋，另一些做了苏子梅，是我们这里的特色做法，你等等，我去给你夹一点尝尝！”不容我回复，嬢嬢已经起身走向那些瓶瓶罐罐的腌制品。盛情难却，加上一个吃货的好奇心，我随她一起过去品尝。苏子梅是将整颗青梅用紫苏叶包裹腌制，嬢嬢还在里头加了花椒，她告诉我一定要一口吃下。入口先尝到花椒的微麻，稍微咀嚼，紫苏叶的独特香气便冲入鼻腔，接着，梅子表皮细微的绒毛抵达舌面，微微酸甜的梅子香随之而来，更细致地咀嚼，麻味和紫苏香仍在淡淡地持续，梅肉厚实多汁的口感包裹着更加刺激的酸和更加厚重的甜，强势地占领了味蕾高地。这一刻，我对大理的印象不再只是风花雪月，洁白整齐的房屋，平静安逸的古城生活，而是加入了一味强烈、活泼的梅子记忆。

二　困难扎堆出场

访问的第二天，难度陡然上升，我们开始到村里去访问村民。我原是十分自豪于自己掌握方言，心想在云南省内做访问，比起同行的外省同学，语言上应该没什么障碍吧！然而，我很快就认识到，我所自以为的优势在少数民族聚居的村落通常是不起效的。

我访问到了一位70多岁的白族爷爷，爷爷有慢性病，只能在家喂喂猪和鸡，已经很久不出门活动。访问难以进行是因为爷爷听力受损多年，还听不懂云南官话。虽然听得懂普通话，却需要比白族话音量提高一倍。如果人说话时正常的音量是50，那么与爷爷说白族话，将音量调至80即可，奈何我只会说普通话，与他交流需要保证音量调整到最大。那一刻真希望AI技术发展得再快一些，这样我就能拥有一个可以做白族话同传的大喇叭！爷爷一边拌猪食一边接受我的喊话式访问。在问及爷爷家人的名字时，我反复与他组词确认，十分费劲。这时我一拍大腿，计上心来，包里带了纸和笔啊！我赶忙问爷爷识不识字，在知道他上过小学还当过村支书的那刻，我激动得就要从小板凳上弹起来，这样我是不是可以把问题抄下，咱们文字交流？！接下来的交流虽然谈不上顺畅，但已经比纯靠喊的阶段改观了很多，虽然问卷题特别多，但我简明扼要地抄一抄，爷爷就能看懂，然后给出回答。感谢村委会小姐姐，在问卷还剩四分之一的时候特来支援，我有了白族话翻译如有神助，速度大大加快。这次访问是我做的问卷中耗时最久的一次，总共三个多小时。其间，爷爷没有一点不耐烦，他说自己是老党员，像这样的调查活动就应该积极配合，在问到政治相关的问题时，他反复强调："我一心就是为了党，为了人民。"问及参与文化活动的频繁程度，他骄傲地说："以前参加的嘛，我们村上的文化活动都是我组织的，很受大家欢迎呢！"他立刻切换到了表演状态，唱了两句白族的经典唱段《五朵金花》，咬字清晰，中气十足，让人为之动容。

我还遇上了酗酒访户，就在当了三个小时"大喇叭"后。尚未走进这位叔叔家，一股酒气扑面而来，他歪歪斜斜邀请村委会小姐姐和我入座。他说自己得过脑出血，对自己仍在酗酒只字不提。我问他愿不愿意接受录音，他丝毫不介意："随便录，录像都行，你拿个摄像机放在这里！"一边说一边将手指向空中比画，那是他晕晕乎乎的头脑里临时设计出的摆放摄像机的位置，我看到他的手在发抖。访问开始时仍然艰难，叔叔头脑不太清醒，思维非常发散，注意力难以集中，说的普通话也不好听懂。如果等他发散完再继续提问，这个问卷不知何时可以做完！所以我经常很没有礼貌地打断叔叔说话，好在他并没有注意到我这一不够尊重他的行为。我紧紧捉住他那坚持不到三秒的注意力，语速飞快。问卷进行到接近一半的时候，叔叔突然提出要暂停几分钟，他趺趺撞撞地走出客厅上楼，等他再下来，我发现他精神了不少，回答问题也更清晰，却闻到了更浓的酒味。这是我第一次在现实生活中接触酗酒的人，一开始酗酒的污名、对于酗酒者暴力和神志不清的想象闪现脑中，我其实感到害怕。但是真的接触过后，我的心情变得复杂。仅仅站在访问员的角度，我可以想出办法在访问的一两个小时里提高效率，忽视他的那些混沌状态下的天马行空，可我却忍不住反思，这一份问卷仍然会被化为一个个数字，归入 CGSS 数据库这片大海中。受访者酗酒，必会对其判断力和表达力造成干扰，然而酗酒者不在需要被规避的受访者之列，我这样耗费心力完成的问卷，价值是否会打折扣?

三　留在村子的人

我们访问的第三站是巧家县，那里的经济是我们到访的四个县中最差的，从当地民居可见一斑。比如我访问的一位大妈家，虽然房子面积不小，但老两口现在还在住土房子，白天屋里黑黢黢的，也不开灯，一股旧的土房子和烟熏腊肉的复合气味，和 20 年前我奶奶家山上的房子一个样。“现代性”，我的脑子里浮现出这个词，以一个批判者的视角。村里盖得稍好的房屋一般没有人长住，因为年轻人都会出去打工，只有在外“混得不错”的人回村修房子，等房子修好了，又要出去接着赚钱。

接下来的这个小故事，不是我遇到的困难，空前的无力感却在那天的访问中包围住我。我仍然在访问前先注意到访户的家。从大路上一段较为平缓的坡，可以看到一大一小两间空心砖砌成的平房，小的房间是卧室，大的是厨房，它们垂直排布。天气不错，我们从厨房里搬出长条凳，坐在屋檐的阴影里访问。受访大哥40多岁，外表和年龄比较相符，按照上面提到的村里的年龄构成，他本应该属于“村子留不住的人”。依照惯例，我询问他是否接受录音，他回答得很直接：“如果录音可以让政府领导知道我的困难，那就录，不然就算了。”

他有什么困难？随着问卷的问题深入，我的疑惑慢慢解开。“我二十来岁的时候也带着媳妇一起出去打工，那时候年轻，苦得动，手头还是有点钱的，好过的时候，朋友弟兄就多。”大哥回忆过去，“那时候哪想过会落到现在这样？”他接着说，“我出去打工没几年，出意外把腰腿伤到了，住院都住了几个月，那时候媳妇就跑咯，三个娃儿全丢给我，我出院后已经干不动体力活，没得工地愿意要我，那就只有回家来。你看，刚才我去割点猪草，跌了一跤，腰杆擦破了，这个样子干得动啥子活吗？这么多年了，村上清楚我的状况，有什么政策下来、有补贴，都叫我申请，娃儿们也只能是说不给他们饿着，现在大儿子已经成年，出去打工了，还有两个小的要供，压力太大了呀！”我紧接着问：“那您现在是总共三个子女，对吗？”他摇摇头，“总共怕是算五个，还有另外两个小的。”看我疑惑，他解释道：“我哥哥去年不在了，他媳妇也跟着别个跑掉，微信都联系不上了，他们有两个娃儿，都整到我这里管着，啧，我都自身难保了，但小娃儿又没啥子错，这种情况，我不管，哪个管吗？”帮不了大哥任何忙，想不到解决他的困境的任何有效建议，也说不出加油打气、明天会更好这样的话，我呆坐片刻，只好用问卷岔开了话题。

四 “外来者”

我访问的受访者绝大多数是当地人，只有三位是通过婚嫁迁移的，其中两位是在我们第四站新平县的最后一天接连访问到，从他们那里听到的故事为我此次 CGSS 之行画上了一个浓墨重彩的惊叹号。

他们两位中，我先到访了皮衣叔叔家，他因受访当天穿着一件黑色皮夹克而获得这个代称。皮衣叔叔的家建在一块大平地上，房子盖得气派，装潢还很新，我到他家时刚好他骑着摩托回到家门口。在问卷过程中，我逐渐了解到他的父母家在山背后的双柏县，他是来上门的，现在的妻子是二婚，第一位妻子是本地人，几年前去世了。他的黑色皮衣很旧，问卷很长，大多数时候让他感到无聊，他就一边接受访问一边用长满微黄老茧的右手去揪衣服袖子上翘起来的外皮，然后随手扔掉，黑色的皮屑掉落在白色的瓷砖上，我的眼睛忍不住跟随他重复的动作移动，他对其他问题的回答都很平常，我没记住什么。

告别皮衣叔叔，我跟随村干部去了我的最后一个访户家。这个屋子只住了孃孃一人，她家在半山腰，去她家需要穿过一些山脚下的房屋，再上一段长长的陡坡。爬得我心跳加速，满头大汗，见到了独自坐在家门口吹风的孃孃。她在两个月前喂猪时摔了一跤，把右腿摔骨折了，打着石膏，行走不便。丈夫在去年冬天忽然生病去世，女儿和女婿远在昆明工作，留下她一个人住在这半山腰的木制老屋，原先腿还好的时候，可以和邻居们一起去干活，互相串串门，聊天解闷，如今腿受伤了，只有依靠邻居帮忙买菜送到家，自己拄着拐杖慢慢做饭吃。我可以体会到孃孃的孤单，就在访问结束后，陪她聊了会儿天。我得知她也是从双柏县嫁到新平县，为了找点话题，就聊起上一位皮衣叔叔。

图 2　最后一位访户家门口的风景

邵婉楠 2023 年 7 月摄于玉溪市新平彝族傣族自治县

原来她和皮衣叔叔不仅认识，算起来还是高他一辈的远房亲戚。提到皮衣叔叔，孃孃只感叹："他上一个老婆太惨了，年纪轻轻人就没了。"在皮衣叔叔家当然不会问出口，但孃孃话说到这里，我就小心接过话头："是生病了没治好吗？"孃孃摆摆手，道："出了意外走的。我们这里有一种野菜叫甜菜，价格很高，卖到二三百块一斤，她那时和另一个人一起上山去挖这种野菜，结果山洪突然来了，她们没能躲掉，尸体被冲出了几十公里远才被找到，这件事在我们这里大家都知道。”事情已经过去了很多年，孃孃以平静的语气说出来，仍然震撼到我这个听者。尽管已经从新平返回一段时间，此刻我回忆起这个无意间听说的故事，仍旧感到难以名状的悲伤。与“死亡”相比，该事件中最使人伤怀的要素是个体命运悄无声息以及无可奈何的消逝。而对于死者身边的亲人和好友们，沉重如一层层叠起的石碑，又终将轻柔仿若春日随风远去的白云。

人类是矛盾的存在。一方面，我们强大到足以征服凶猛的野兽，创造出从未存在过的事物，缔造出灿烂多样的文明；另一方面，我们又脆弱至极，可能被肉眼无法看见的细菌或病毒夺去生命，也常在突如其来的灾难面前手足无措、无能为力。人是社会性的动物，人与人之间常会因偶然契机发生令人意想不到的深刻连接。如果没有参与这次 CGSS 调查，我或许永远不会有机会与那么多匆忙的、孤寂的、幸福的、无奈的人相遇对谈。我感激这些机缘，让我先后遇见了皮衣叔叔、独居的孃孃，也由此得以倾听并转述那些令人感叹生命脆弱、生活无常的故事。我反复斟酌，最终决定将那些沉重的叙事如实呈现，并非出于猎奇心态，更无意消费他人痛苦，而是希望借此留下些许反思的空间。在《妥协社会：今日之痛》中，德国哲学家韩炳哲指出，当代社会正逐渐丧失对痛苦的容纳能力。人们倾向于将痛苦视为一种失败的表现、软弱的象征，社会则不断鼓励以“正能量”的语言来覆盖一切负面经验。在这样的背景下，痛苦失去了表达的权利，被迫沉默，被系统性地排除于公共语境之外。韩炳哲认为，这正是新自由主义语境下幸福观的一种异化表现：幸福被简化为可衡量、可利用的积极情感，用以提高效率与绩效，而其中不再包含否定性、不完美或苦难的维度。然而，真正的幸福从来不是完美无缺的，它必然包含挣扎、丧失与痛苦这些不可剥离的人生经验。[1]沉重，亦是经验的一部分。我们或许会遗忘，或许会逃避，但最终仍需学会与之共处。只有承认痛苦，赋予它表达的空间，我们才能更诚实地面对自己与他人，更完整地理解什么是“活着”。

DDL[2]是第一生产力，我开始写这篇心得的时候，我们的 CGSS 结束刚好一个月。拖延症并非全然有害，它使我得以用一个整体的视角审视自己参与项目的历程。列维－斯特劳斯对记忆的描写最为经典，“遗忘把记忆一拨拨地带走，并不只是将之腐蚀，也不只是将之变为空无。遗忘把残剩的片段记忆创造出种种繁复的结构，使我能达到较稳定的平衡，使我能看到较清晰的模式。一种秩序取代另外一种秩序。在两个秩序的悬崖之间，保存了我的注视与被注视的对象之间的距离，时间这个大破坏者开始工作，形成一堆堆的残物废料。棱角被磨钝，整个区域完全瓦解：不同的时期，不同的地点开始碰撞，交错折叠或里外翻反，好像一个逐渐老化的星球上面的地层被地震所震动换位”。[3]我记的田野日记是流水账，我的记忆帮助我从那半个月的经历中淘选出值得被记录的内容。我们到访云南四县，我自己访问的二十余位受访者，都会在某一时刻被我忽然想起，借由写作这篇

① 〔德〕韩炳哲：《妥协社会：今日之痛》，中信出版集团，2023。

② 网络流行词，deadline 的英文缩写，指“死线”或“最后期限”，一般指某项任务截止的最后期限。

③ 〔法〕列维－斯特劳斯：《忧郁的热带》，王志明译，生活·读书·新知三联书店，2005，第 39 页。

文章的契机，我们的相遇也可以部分地被记录。对于开篇的疑惑，我仍然没有答案，但我确信我不会忘记受访者对我纯粹的信任和善意，也不会忘记剑川淅淅沥沥的雨，上关甸村那棵挂满青果的花红，寻甸蔚蓝的天、低头吃草的牛群和爬出围墙的巨大的仙人掌，巧家巍峨连绵的山峦和金沙江边湿热的风，新平茂密的森林和在回程大巴上瞥见的哀牢山那道远远的彩虹。

CGSS 培训让我了解到很多不曾接触过的社会调查知识与方法，比如关于访问次数的规定、如何看懂抽样地图，我也了解到如何设计和使用问卷，培训后的实践更是让我们快速拥有了学以致用的机会。作为一名人类学初学者，我尝试在高效完成问卷的同时用人类学的方法来观察，借着入户走访的机会，第一次与这么多陌生人进行现实中的对话，得以短暂地进入他们的生活世界，倾听他们的生命经验。能够借此机会把所见所闻分享出来，我感到十分荣幸。

行行重行行

时睿一

引　言

作为一名刚刚结束大一课业的本科生，我曾了解过中国乡村调查研究的一些理论，但对其中概念和理论的了解仅仅停留在纸面上的文字和概念，并没有体会到其背后的含义，一个真正用双脚丈量祖国大地的实地走访调研的机会是难能可贵又十分重要的。难能可贵是因为我对于政治学和政治学的研究方法仅仅是刚入门的水平，恐怕难以有合适的项目愿意给我一个锻炼的机会，而重要是因为在如今强调实地走访、基层调研的风气下，一次深入的基层调研无疑既是一场学有所用的历练，又是一场生动深刻的实践课。

所以，在这里请允许我向调研团队、带队老师、领队学姐以及各位队友表示深深的感激。

此次调研十分强调规范性和严谨性，我在期末考试结束后便立即开始了为期几天的线上培训。通过认真研读培训手册，认真答题和学习如何使用问卷系统，我的调研前期准备工作也算正式开始了。

调研团队的成员并不全是本校的学生，还有许多来自国内其他院校甚至海外院校的学哥学姐，为了能更好地让大家熟悉起来，开展后续的调研工作，团队中的成员都分别作了自我介绍，以此来“破冰”。各位学哥学姐纷纷表达了自己明确的目标和此次调研希望得到的收获，这份坚定的信念和决心也让我暗暗在心里给自己鼓劲，相信自己可以做好第一次的调研工作。

随着线上培训的结束，我们的调研任务也要正式开始了。

第一站：大理——初识调研艰辛

我们调研的第一站就是大理。作为一个北方人，远赴云南求学，大理在我的印象中总蒙着一层滤镜，它应该是苍山洱海，蓝天白云，充满浪漫和神秘色彩的。这次调研，让我看到了一个不一样的大理。

大理给我们的第一个下马威就是天气。高原上的天气多变，气流裹挟着云团在天空中飘忽不定。我们一下高铁，大理的雨就密密地开始下了。仿佛提醒我们万事开头难，一定要认真对待。就这样，在雨中，我们坐上了开往剑川县的农村客运车。

农村客运车对我而言也是一个陌生又新奇的东西。车上并不只有我们团队的人，过会儿又上来了几个本地的姑娘，还有一个抱着娃娃的白族女性。为什么说她是白族人，因为她穿着民族的服饰，用当地人传统的方法把孩子裹起来，还和司机在车上一直说着我们听不懂的白族话。

农村客运车一直在雨里开着，开过重峦叠嶂又雾气腾腾的山路，好像没有尽头地行驶着。但开着开着，许是司机怕我们无聊，车载电视上竟然放起了东北小品。看着熟悉的面孔和惹人捧腹大笑的表演，听着熟悉的口音，时间的流逝又悄然间快起来。我在心中也暗暗想：原来这里的人也爱看东北的小品，能体会到其中的乐趣，想来他们也是热情随和的人，这下沟通肯定顺畅得多。

而在后续的调研中，我也确实感受到了老乡们的热情与随和，但沟通还是有些障碍的。

天色全黑时，雨终于停了，我们也抵达了此行的第一站——剑川县。

剑川古镇的风光出乎我的意料，本以为一个县城到了夜里应该是悄无声息的，但我们所住的古镇里仍能看到闲逛的本地人在三言两语地闲聊，时不时还有外卖骑手穿梭其中，提醒着我们这里并不是想象中落后的地方，古城中的这一个小小缩影，也是祖国发展兴盛的有力注脚。

经过一夜的休整，大家第二天早上便出发去调研地了。

由于我们的调研都是深入社区和家户，一户人家、一户人家地走，一个人一个人地问，必须借助居委会或村委会的帮助。所以，在这里对每个调研地的居委会或村委会表达衷心的感谢。

在村委会的帮助下，我很快就找到了当天访问的第一个目标，受访者是一个70多岁的老奶奶，汉语仅仅是能简单交流的水平，这就让我碰上了调研的第一个钉子——语言关。早在培训的时候，我们就考虑到云南的方言和少数民族语言和普通话有一些差异，我也学了一些云南方言。尽管如此，我们还是没有考虑周全不同年龄阶段的人对于语言的接受程度问题。相对于年轻人而言，老年人因为身体原因，耳朵更不容易听清楚，思维也没有年轻人敏捷，不能像年轻人那样快速地回答问题，对于一些陈年往事，可能记忆早已模糊了。这些在出发前没有考虑到的问题，在我第一次的调研中就都一一展现了。

好在，语言是可以学习和模仿的，我很快就掌握了这位白族奶奶的说话模式和她想表达的意思。在提问的时候，我尽量放慢语速，一个问题多问几遍，给奶奶解释清楚每个概念的意思，让她能理解那些学术化的表达。

终于，在两个多小时之后，我完成了此次调研的第一份问卷。

下午，我又访问了一户人家，是村党支部副书记。她是一位看起来很干练的女性，上午的时候就协调工作人员带我们走访，下午又积极地配合我们的访问。

她在访问之余，又给我分享了一些村委会工作的事情，以及个人是怎么保持终身学习的。这种精神实在是令我钦佩，也让我对基层村干部的工作有了更多的认识。

第二天，我们又坐上了面包车，去往大理调研的第二个地点，一个海拔2700米的村子。对于这样的高海拔，身体上完全一点反应都没有是不可能的，平地上奔走的辛苦在此时只会被数倍放大。走在前面的村干部却看起来如履平地，带我们一户一户人家地敲门。许是因为头回调研，我们并不太清楚农民的生活习惯，为了干农活方便，他们一天基本上只吃两顿饭，一顿在早上八九点钟，吃完就去干活，而等到劳作告一段落，就得是下午两三点再吃第二顿饭了。还有些上山采菌子的村民，可能就干脆住在山上简易的窝棚里，一住就是好几天，等采完了菌子再下山。这就导致我们的难度加大了许多。

我在那天晚上 5 点多，终于等来了要访问的一户人家，村里唯一一位村医。他爸爸曾经是赤脚医生，在各村行医看病，他子承父业，还考上了大专，成为村里的村医。如今，他也 50 多岁了，有了孙女，但是他依旧坚守在村医的岗位上，为村民们服务。在我们走访的时候，村里人提起他来都竖大拇指。

在调研中，我们也体悟到了村组织在基层治理中的重要作用，村干部不是政策决策者，也不是政策研究者，却要去解决村里面临的种种问题和困难。

总有一些学者以理性与启蒙主义的武器去对现实进行批判，以泛道德化的同情去表达对底层群体的怜悯，但这种自上而下的甚至可以说是自以为是的批判与同情却可能是在对本应由学者承担的对于社会秩序的维系、运行与改良的责任的一种推卸。

作为一个以乡镇为研究场域的田野调查者，只有深入基层，才能设身处地去分析、理解社会问题，并以此出发去反思相关的公共政策设计和理论研究。

第二站：寻甸——再悟调研意义

经过了大理站的初次历练，我们逐渐适应了调研的节奏。第二站，我们来到了寻甸回族彝族自治县。在这里，在调研工作之外，我们也切实感受到了当地人的生活。

由于该地居住的大部分是回族，到的那天晚上，我们在外就餐时，就看到满街都是清真标志的小摊。走到县城中心的广场，看到老人们聚集在一起跳颇具特色的左脚舞，小孩子们在一起骑自行车，嬉戏打闹。毫无疑问，夜幕下的县城是很有活力的。

另一个颇具地域特色的标志就是水烟筒。路边就有许多小店售卖，在我访问的一户家户中，我才真正瞧见水烟筒到底是怎么用的。水烟筒大概有半米长，人坐着的时候，让它斜着支撑在地上。点燃一根普通的香烟，将香烟插在底部的小口上，燃烧的烟丝裹挟着尼古丁的气味就会顺着水烟筒徐徐上升。

在农村里走访的时候，我们还遇上了云南农村的“赶街”。这种“赶街”是特定的日子去特定的集市售卖东西，以满足村民们的物品交易需求。

在集市上，卖蔬菜水果的摊位上售卖的都是自家田里的东西，价格也比城市的超市便宜很多，商贩们热情招呼来往路过的人，并邀请他们品尝，不甜不好吃不要钱，体现着对自家田里农作物和这片红土地赋予他们馈赠的骄傲。

除了这些摊位，我也第一次看到集市上有现做食物的摊位。其中最有特色的就是现炸洋芋片。云南的洋芋就是北方人所说的土豆，是云南最主要的粮食作物之一。只见一大桶油烧热，鲜切的洋芋片一盆倒进去，整个桶里发出悦耳的噼里啪啦声。过了十几秒，摊主用大漏勺将刚刚炸好的洋芋片抄起，盛到旁边的不锈钢盆里。

在此次走访的过程中，我也了解到了农村中女性的生活境况。

早在上一个调研地点，我就遇到了一位全职在家的年轻女性。她曾经取得了幼教专科学历，成了村幼儿园中的唯一一名老师。那个幼儿园除了她，就只有园长。但她在三四年前就因结婚生育而辞职回到家里。如今，她已经是两个孩子的妈妈了。在访问的过程中，她一边回答问题，一边看顾着两个孩子，让大一点的哥哥不要随处乱跑，怀里则抱着哄着小一点的弟弟。

在这个调研地，我又遇到了三名年轻的有类似经历的女性，其中最小的只比我大 1 岁，而她的孩子都已经 1 岁了。

在访问之余我了解到，她们大多只完成了义务教育，或者职高学业没有完成就出来工作，一两年后又回到村子里结婚生子。在这期间，丈夫主要负责外出工作，她们在家要负责一家人（包括公公婆婆）的饮食起居和日常家务，照看小孩，直到孩子们到了上幼儿园或者上小学的年纪，再试着出去找工作。

从对话中得知，她们大多也希望能外出务工，但在家这几年与外界失去了联系，不知道社会上还有没有需要她们的地方。

后来在与调研团队同伴的交流中得知，农村里早婚早育的现象十分普遍。

第三站：昭通——终克调研难关

我们继续北上，来到了此行的第三站：昭通。昭通不像前两个地方那么凉爽，一下车我们便顿觉滚滚热浪袭来。骄阳当空，似乎提醒着我们这里是金沙江流过的城市，对岸就是四川的凉山地区。

在这里，我们还见到了一种特殊的市集——晚集。跟随当地人的脚步爬上山坡，我们看到了如同白天一样热闹的摊贩。整个市集上灯火通明，来逛集市的大多是年轻人。由于白天要上班，赶晚集是许多当地年轻人采买日常所需的瓜果蔬菜的重要途径。看着远处一条街上的烧烤摊，不得不让人感叹真正的人间烟火原来在这里。

但在这一站，我们也遇到了一个很大的困难。在第二天的调研中，调研样本中的住户大多都不在本地居住了，经过协商之后，我们不得已更换了调研地点，并把原来这里的任务量平摊到接下来的三处地点，增加了不小的工作量。

为了方便调研，我们又搬着行李一路跋涉，到了下一个调研的村子附近住下。

上山的路可谓九曲十八弯，大家在座位上被颠得左摇右晃，但一路上翠绿的山峦与云朵相接，阳光在缝隙间洒下，形成了忽明忽暗的光影。一路颠簸之后，我们终于到达了村子。

让人没想到的困难是——村子里变压器坏了，停电了。我们下午才抵达，每个人当天能完成的工作量有限，这给第二天的任务完成情况增加了不小的压力。但我们还是希望能早一点开始，多完成一点任务，马不停蹄地开始了工作。

在当天返回村委会的路上，一个嬢嬢（云南方言中阿姨的意思）拦住我，说她手上扎了根刺，问我能不能帮她挑出来，又说好几个人帮她，都没成功。看着她黝黑的手指上冒出暗红色的一片血，我赶紧说让她去医院，但她又跟我说医院太远了，去不了。焦急的我不知所措，却又只能告别她，那时候我多希望随身带着消毒湿巾呢！这件事让我认识到乡村医疗资源的匮乏也是亟待解决的问题。

我们住的是镇里唯一一所宾馆，到了晚上七八点钟，路边上的店铺基本都关门了，路灯也只有几盏亮着。不过，独具特色的昭通烧烤还是耐心地招待着每一位客人。好吃又便宜的烧烤犒劳了我们一整天奔波的疲惫。

在第二天的调研里，我也对这个村子的经济发展有了一些了解。

在刚一进村的时候，我们就注意到村子里到处贴满了关于蓝莓的标语，好像这里是个以种植蓝莓为主要产业的村子，在第二天的访问里，我正是在摘蓝莓的田间地头完成访问的。

蓝莓作为村子里的重要经济作物是近几年才开始的。但由于贷款买种子，许多农民辛苦劳作一整年，结余大概只有两三万元。所以，还是有一部分村民选择继续种植苞谷、洋芋这样的粮食作物，一方面是可以自家吃，另一方面农闲的时候还可以外出务工补贴家用。村子里留守的大部分都是中老年人，年轻人大多外出打工去了，这些中年人甚至觉得再过几年或许日子会更不好过，因为自己作为劳动力在田间地头工作的力气肯定会随着年龄的增长而逐渐下降，摘不动蓝莓的话，日子自然不好过了。

但令人意外的是，村子里在村委会旁边给小朋友们开了一个小小的军训锻炼营。按照年龄分成了不同的班，教小孩子们打军体拳、耍棍、跑步，还背古诗。我们在他们列队集合之前，跟他们一起玩了老鹰抓小鸡，大家打成一片，不亦乐乎。

此站调研结束之后，我和另外两位大一的同学需要提前返校，遗憾地与团队告别，但此行的收获和彼此的情谊，我们会珍藏在心。

在调研之前，我对于乡村调研是既陌生又好奇。它仿佛只是纸面上的一句话，而在结束的时候，我用一步一步走出来的脚印，填补了自己认知的空白。

百年前，费孝通先生就是在云南完成了自己诸多人类学的调研。2023 年正是云南大学建校一百周年，校史馆中就陈列着费孝通先生珍贵的调研资料和历史影像。费孝通先生在《云南三村》一书的序言中写道："我当时觉得中国在抗战胜利之后还有一个更严重的问题要解决，那就是我们将建设成怎样一个国家。在抗日的战场上，我能出的力不多。但是为了解决那个更严重的问题，我有责任，用我学到的知识，多做一些准备工作。那就是科学地去认识中国社会。"[①]在初读这段话的时候，我只知道它表达了先生拳拳爱国之心，却不理解，为什么一个学成归乡的留学生一头钻入农村去做当时社会上没有人愿意去做的社会调查。

① 费孝通、张之毅：《云南三村》，社会科学文献出版社，2006，序第 3 页。

答案想必不仅仅是因为满腔热血，更切实的原因是中国的乡村社会确实是中国最值得研究的问题之一，是真正能发现问题、解决问题、施展才干、报效祖国的舞台。

也正因此，费孝通提出“行行重行行”，并以一生的学术经历身体力行地一以贯之。

回首百年，中国乡村调研的价值历久弥新，我们也应在这条道路上有所贡献。

那就把头伸出窗外

方瑞韬

一　社会调研的处女航

在参加本次中国综合社会调查（CGSS）云南项目以前，我一直囿于象牙塔，参加过的社会实践仅限于一些志愿者活动，例如定期看望自闭症儿童等，在有关社会调研特别是基层调研的培训上还是空白。这倒不是说我对社会调研有什么轻视，相反，因为过去阅读过毛泽东同志的乡村调查报告，我一直认为社会调研很重要，只不过以前总觉得要在理论有所建树下才有参与调研的资格，事实证明这是一个误解。

我在近一学年的科班学习中意识到，很多哲学理论之所以于我好似空中楼阁——能看懂但总感觉缺着什么——是因为它们没有同现实相互印证；此外，论文写作的经验告诉我，好文章并不是一蹴而就的，很多文献的阅读并非在写作前完成，而是在写作中根据论证需要补充的，这意味着在对待社会调研的态度上，把“足够的”理论积累作为调研的前提是本末倒置。

作为一个马克思主义信仰者，我对“哲学家们只是用不同的方式解释世界，问题在于改变世界”[①]一句深以为然，“改造世界”意味着一方面要铲除缺陷，另一方面要“承认”有一个并不完美的真实世界“存在”并进一步去“调查”这个真实世界，后者某种意义上是前者的必要条件，就像毛主席说的“没有调查，就没有发言权”[②]。因此，不论是于本专业的理论学习还是于自己的社会理想，没有参加过足够专业的社会调研恐怕是不行的。

幸运的是，在我苦恼不知道要怎样开启我的第一次社会调研时，恰逢 CGSS 在云南大学招募访问员，在校园公众号上看到该信息后，我几乎没有犹豫就递交了申请。支持我申请参加 CGSS 的主要因素有三个：其一，项目规格高、历史久、带队老师专业，可以让我接触到最规范和科学的调查流程和问卷设计；其二，本次调查不是全员分组，而是全组成员共同行动，转战各地，这让我能够扩大视域；其三，本次调研目标中有我的老家新平县下辖的乡镇，目标乡镇于我比较陌生，本次调查可以让我增进对家乡的了解。

在正式开始调查前的数天时间里，项目负责人罗强强教授对我们进行了培训。除去问卷系统的操作外，令我印象最深刻的是如何开展一次社会调研的先期联络工作，我把它称为“资格”的获取。在信息时代，百姓对陌生人的到访和涉及个人生活的问题往往是警惕和防范的，这意味着我们必

① 《马克思恩格斯文集》第一卷，人民出版社，2009，第 502 页。

② 《毛泽东文集》第二卷，人民出版社，1993，第 382 页。

须通过当地工作人员的引荐接触被访者，从而提升访问成功率。同时，“资格”的获取过程告诉我，不仅当地居民信息和乔迁状况必须依靠当地工作人员，在遇到被访者不配合或难沟通的情况时，当地工作人员的介入往往是有帮助的。当然，最有效的培训并不止出发前的补课，“纸上得来终觉浅，绝知此事要躬行”。

我们的调研工作于 7 月 10 日正式展开，调研分两组进行，每一个组负责不同的社区或乡镇。我被分入第二组，我们组（共 11 人）当天的任务是访问剑川县北门社区的 30 个家户。考虑到可能会出现废卷（即问卷的完成质量未达标）等情况，我们每个人都要尽量完成 3 份访谈。因为此前排练过访谈流程，完成一份问卷的平均时间在一个小时左右，所以，我并没有把这个工作量当回事。

可来到社区居委会后，我马上就被上了第一课——并不是每一个家户样本都可以访问到。熟知社区人口流动情况的工作人员在看到样本名单的第一时间就告知我们，有些家户已经搬迁，有些家户常年在外务工家里没人，有些家户当天或近几天都有事，无法抽身接受采访……居委会工作人员按图索骥打了一圈电话，最后告知我们第一份样本中的 30 个家户只有一半左右能入户访问，这意味着我们得申请追加样本。追加样本工作在往后的日子里成为常态，虽然是由督导员负责申请，但我在和督导员的交流中得知，每一次追加都是很麻烦的。

由于居委会人手有限，只有两位工作人员能陪同出行。实际工作中没有工作人员全程陪访的待遇（除非受访者完全听不懂普通话），每找到一个愿意接受访问的家户，工作人员会在向被访者引见负责该户的访问员后就带着其他访问员离开，寻找下一个家户。听到工作安排后，我顿时如同被泼了盆凉水一样，心中暗道不妙，可开弓没有回头箭，7 月 10 日上午 10 点 40 分走出剑川县北门社区居委会时，我对基层情况调研工作的艰辛方产生一丝实感。

二　初出茅庐的第一天

在工作人员带领我们一队人马行走半个多小时后，原以为能访问的家户并不都愿意配合，只有寥寥几位组员得以入户，而我仍未获得入户访问的机会，紧张和不安不断滋长。正在我忐忑不安时，总算找到了愿意接受采访的家户。为我开门的是一位老爷子，工作人员带着其他组员离开后，我询问了老爷子的家庭状况，他本人已经 93 岁高龄，家里除了他和一个失聪的儿媳妇外，其他家人都在外工作居住，因此，我遇到的第一位访户是一位 93 岁的老人（其儿媳不具备受访能力）。

由于自己操作的不熟练以及老人对多数问题不理解需要解释，整个过程用了三个小时，大大超出了我预计的一个小时。但整个过程中老人很配合、有耐心，结束访问时我筋疲力尽他精神状态却很好。老人在每一个问题后都会说不少曾经的故事，一开始我有些担心这会“耽误我的时间”，但就在这些脱离了问题的对话中，我想起了自己参加调查的初心，不是完成任务而是听到不同人的声音，一开始的不安登时烟消云散。老人反复强调新中国成立以来，在党的领导下他过着与旧社会全然不同的新生活，并发自肺腑地对国家的建设心怀感激。完成访问时已经过了饭点，吃完盒饭后，我匆匆赶往下一家。

第二家访户的受访者是一位阿姨，她是户主的儿媳。让我有些意外的是，虽然家庭条件优渥并受过良好教育，这位阿姨在面对一些问题时仍会以“家庭妇女不应该思考这些问题”为由来回避。这些时候往往是陪同她接受采访的叔叔（其爱人）来替她回答的，虽然在表示不能代答后叔叔很支持我的工作，但这种现象也让我看到以阿姨为代表的部分中等收入群体中有一种女性自我规训伦理在抬头。

与此形成鲜明对比的是当天最后一个受访者。这一家的叔叔和阿姨都是环卫工人，白天的工作已经很辛苦，为我开门的叔叔饭后还要到街上继续工作，但仍然很积极地配合访问，好在系统抽到的受访者是阿姨，没有耽误叔叔的工作。阿姨在回答问题时展现出我意料之外的条理性和自信。

三　啃着干粮自嘲“否极”

原以为熟悉了调查流程和操作后，接下来的工作都会很顺利，没想到第二天依旧不轻松。

这天，我们组走了近一个小时的山路才到达样本村，而样本里的家户又分散在不同的自然村，我也是这时才知道国内的一个行政村下辖数个自然村，而调查的抽样单位都是行政村。结合现况，我和两个组员小伙伴决定结成临时小组并主动请缨去最远的一处自然村。该村小组长开车带我们来到村子后，一问之下发现，仍然有好几户不在家。当天的困难主要在三点：其一，能够接受访问的样本有限，一些家户要参照数年前绘制的地图去找，最终忙活了一天，我只访问了两个家户；其二，访户离村委会挺远，中午不方便回村委会吃饭，因此，虽然罗老师叫了我们很多次，我们还是选择留在村里继续访问，中午饭就在村里一块空地上就着水吃了点大理当地的“砍柴粑粑”，即一种面饼，是过去人们上山砍柴时带的干粮；其三，我们要在没有老师帮忙的情况下联系所有不在家的访户，确定其当日归家情况并预约上门时间，这意味着我们不仅要说服访户相信我们的身份，还要协调好工作，保证有人在约定时间前往采访，在碰了几个钉子后（出省务工、搬迁无人、外出出差），一位在县城上班的家户确认他晚上能回来并预约了时间。

这位受访者是个长我一岁的青年，在县城从事警务工作，已经成家立业，有一个可爱的女儿。他给我的最深刻印象是他很爱笑，发自内心地笑，但他的前半生实在不算顺遂，采访中我得知，他年幼时双亲就相继离世，家境也不佳，但他仍凭借乐观和勤奋使自己的家庭实现了小康。交谈过程中他思路清晰敏捷，平时一个多小时的访问只要了不到一个小时，展现出同龄人少见的干练，我不禁感叹新中国的义务教育政策实在是让国民素质有了极大的提升。

待我们完成所有访谈工作已经是晚上 7 点多了，天色渐暗，道边田野上的翠绿渐渐沉了下去，剑川的走访让我祛魅，过去总以为大理作为享誉中外的旅游胜地，各区县的经济情况应该在云南拔尖，但事实上，剑川县在 2020 年方才脱贫，大多数村民的收入来源于种玉米和土豆，其中玉米较少用来直接售卖，而是收割后用作饲料喂养家禽牲畜，出栏数量往往有限，仅够供一头年猪。我和两个同伴站在田埂边踢着石子，笑着说今后的入户访谈应该会顺利很多，毕竟“否极泰来”嘛。

四　短暂的“泰来”

在接下来的几天里，我们来到了寻甸县。寻甸县是回族彝族自治县，我所接触的家户以回民为主，不少人家的客厅正中会贴清真装饰，下方有时还会放置中式的香炉和香柱。幸运的是，几天的访谈居然都比较顺利，似乎真等到了“泰来”。在这几天的调研中，有一些受访者令我印象深刻。

一个70岁的独居老人展现出朴素的辩证法修养，在“同性性行为”问题上，有相比其他受访者更立体的论述与辩护。他强调，要尊重一段恋爱关系中的当事人意愿，如果同性恋关系双方均情投意合，那就无可厚非。在有关同性恋问题上，我采访到的老人的同龄人或者表示无法理解和想象，或者表示强烈反感，只有他对这个问题表现出了较为宽容的态度。

我记得一位口齿伶俐的奶奶，她节衣缩食供几个子女读书，如今都很成器。她说起年轻时家道中落，甚至一度流落街头，受尽冷眼，谈话中她数度低头幽叹，再抬头时眼眶已漫水汽。

我还想起一位家中富足的大叔，他并不是生来就富裕，而是在年轻时像骆驼祥子那样一点一点攒钱购置工程车辆，从一台挖机做起，20多年经营起了一支工程队。

上述这二位都在某种意义上实现了阶层的跃升，并且都是通过个人和家庭的奋斗实现的，这说明改革开放以来，我国的市场经济总体上还是一分耕耘一分收获，但阶级固化现象仍提醒我们需要防微杜渐。

在另外两位访户那里，我深刻体会到了理解力与词汇量的关系。在采访一位没有受过教育的阿姨时，很多问题不论怎么解释她都理解不了，并且对自己的无法理解感到羞赧而表现出抗拒情绪。这让我想到，一个人的词汇量影响了一个人的理解能力，而词汇量除了来自教育，还可以从跟不同人的交流中获得。对这位阿姨而言，她的词汇量之所以少，除了因为她小学辍学外，还因为她在乡土场域下不可能接触很多人，这说明居住环境本身也是使城乡居民人口素质差距不断拉大的重要因素。

另一位受访者是一位只受过初中教育的叔叔，他的思维敏捷程度相较本次调研期间我采访的大学生们有过之而无不及，这再一次表明，能使理解力有机化的词汇量需要一定教育基础，但理解力不是高学历的专利。一个人的受教育水平可以后天培养，所以，应该在乡镇开设公益课堂，以奖励而非惩罚的方式鼓励基层民众参与，提升基层民众的文化素养，对乡镇文化建设百利而无一害。

这几天也并非全然顺遂，我头一回遇到了拒访的家户。或许是因为信仰原因，那位叔叔说，接受采访对他的生活不会带来任何正外部性。虽然有村干部对他进行了劝说，但我最终尊重了他的意愿，终止了对他的访问。

五 “否极泰来”与“偶然相遇的唯物主义”

伴随着充实的工作和嬉笑，我们告别寻甸县，来到了昭通市巧家县。巧家县与四川凉山州的会东县和宁南县隔金沙江相望，不同于昭通其他地方的早晚温差明显，巧家县全年湿热，这让怕热的我稍有些不适应。

在巧家县开展调查的第一天，“泰来”似乎到头了。当天，我们早早赶到了样本社区，可由于近年该社区经过了大刀阔斧的改造和规划（甚至行政区域也做了调整），导致我们一组人在一直忙活到中午并追加了一次样本的情况下，能找到并访问的家户也不过两户，因此，必须放弃一个社区，并把工作量叠加到另一个社区，在赶往另一个社区的路上，罗老师为我们说明了之后的工作。这一段路以山路为主，蜿蜒起伏，让人神恍头晕。

在新社区的调研中，对两位老人的采访让我印象深刻。

在第一户老人那里，当我问到一些关于社会问题的看法时，他很茫然。说明他所理解的社会和主流文化所言说的社会是脱节的。

第二户受访老人家里的环境很一般，让人先入为主地根据近年来流行的一种社会身份因果链，即经济条件与人的智识“必然”是正相关的，断定他大概和第一户老人一样理解不了很多问题。但事实是，老人曾当过十多年的小学老师，他虽然年纪大，但是对于政治和社会相关问题表现出惊人的理解力。他对问卷中的一个民主相关问题的回答令我叹服，这个问题的大意是“民主是否就是政府为民做主？”很多受访者都对此持肯定态度，只有这位老人旗帜鲜明地指出，民主应该以“人民当家做主”为本义。同时，他也是仅有的一位在性别权益问题上明确表示支持男女平等、同工同酬的60岁以上老人。

在巧家县的调研中，还有这么两位大娘令我久难忘怀。

第一位是住在山坡上的大娘。问她是否幸福时，她说，吃饱倒是能吃饱了，但是因为常年高强度下地，腰椎的毛病总影响到下肢关节，所以她觉得没那么幸福。她是一个性格开朗的人，喜欢社交和赶集，但因为腿脚不便，失去了经常串门赶集的能力。不论对于什么问题，她都有说不完的故事和感想。我想，伤病在农村也许比城市要难办得多，这种难办不只局限于医疗条件，更表现在对生活质量的影响上。当然，医疗最宜“治未病”，而如何预防疾病，我认为应该在三农问题中占据更重要的位置。大娘的儿女都在外打工，她和老伴儿带着两个很淘气的孙子，老伴有时喝多了还会家暴她，她学会了一种看似幼稚的“报复”：绝对不离婚，就是要吃他的用他的。“他的”一词，表明在一些妇女看来，家庭财富全然归属于男方似乎仍是天经地义的。

第二位大娘独居在一个颇敞亮的小院里，她本人和身份证上的照片相比胖了太多，家中随处可见各类甜食饮料。可是她发福的原因并不是单纯的贪吃，而是心中郁结难受。经了解，她的一个儿子小时候在学校曾遇到意外而离世，她时常会想起这件事，而她的儿女都在外地，老伴已去世，想来是很难有机会真正向人倾诉的，这当然加深了她的孤独。或许，每个白发人送黑发人的父母，内心都有一个祥林嫂念着“我真傻，真的”，一念就是一辈子。对很多农村老年人来说，使他们精神郁结的除了病痛还有缺少陪伴。我想，应该进一步便利城乡之间的交通，缩小城乡差距，兴办乡镇企业，让乡镇的年轻人学有所成后愿意回乡建设家园和陪伴家人。

此外，有关“否极泰来”的玩笑背后跃动着一种被阿尔都塞称为“偶然相遇的唯物主义”的哲学思想。“偶然相遇的唯物主义”的意涵体现在两个方面：一方面，“偶然”是指伊壁鸠鲁意义上原子偏移运动的偶然性，“相遇”指的是因为偏斜导致的原子相遇和碰撞；另一方面，“偶然”是指作为“过去结果的既定当下”之所以“是其所是”完全是偶然的，而“相遇”则是指一切（包括世界、社会、某事态、人生等）发展过程中都可能会被某个到来的“事件”（同样也是偶然性的）介入。在这两方面里，“发生”相遇的双方均无主体性和目的性。

在又一次的受挫后，我意识到，调研中每到一个新地方、走访每一户时所遇到的难题都是“全新的”，即每一次困境都是“否极”，而每一次难题解决都伴随着“泰来”并表现为一种积淀：一方面，是一些特定解决方法的经验积累；另一方面，则是将来面对问题时的冷静和条理，办法总比困难多，而困难总会被解决或者说“过去”。

六　新平不“新”

调查最后一站是我的老家新平。在我儿时，新平给我的印象是离昆明很远，每次回去都要颠簸至少八个小时，而且经济发展欠佳，亲戚们多住土坯房。如今，随着新平丰富的矿产资源得到开采及褚橙带动的高附加值经济作物种植业抬头，新平逐渐成为玉溪有名的富裕县，高速公路的开通使得从昆明到新平的时间缩短到两个小时出头，亲戚们也纷纷盖上了洋楼。不过，我们走进样本村后发现，虽然土坯房换成了洋楼，但农村地区的居住环境并没有明显改善，当地农民习惯把猪圈设在家院内，有时客厅与猪圈中间就隔着五六米，加之户户养猪，牲畜秽物导致村中气味乍闻下有些刺鼻。

让我记忆犹新的一次调研中，受访者的爱人是个酒鬼，我入户时才刚过晌午，但那个酒鬼已经面红耳赤步履蹒跚了，可见多半是从上午就开始酗酒。他见我的第一件事，就是拿出香烟让我抽，我说我不会，他竟然说不抽他的烟就不接受采访，多亏同行的一位村干部帮我拦住了他，替我抽了烟，中途还多次在酒鬼打断采访时安抚住他。说实话，我只是在基层参加了那么几天的调查就很累了，更不用说这些常年扎根当地的基层工作人员，他们面对社区的大事小情也会焦头烂额，他们的奉献和勤劳应该被看到。

受访者家的条件并不好，和同村大多数人比起来甚至有些家徒四壁。幸亏这是一位很勤劳能干的大姐，她每天忙里忙外，全家都靠她支撑。在她的叙述里，她的爱人之所以成日不事生产是因为曾在一次意外的车祸中受伤并造成了脑萎缩，然而，在结束调查的归途中，聊起这个酒鬼的真实情况，村干部说车祸确有其事，但如今他已经恢复正常，至少可以辅助其妻做一些基础性的农活儿，他现在无所事事的唯一原因就是懒。

在新平调查的最后一户正好也是我整个调查活动的最后一户，这是一个以烤烟叶为主要营生的大家庭。我造访时，他们全家都围坐在门前，用特制的木棍把新鲜烟叶由茎部固定，大片烟叶朝下左右散开，呈现一串又一串形似屋顶的造型物。抽中采访的是户主的儿子，一位大叔。在采访过程中，我了解到他是一名党员，他在回答中显得踏实而又机敏。在面对“政府应不应该约束群众对政府的批评”这一问题时，他的回答是要分情况看待，如果批评的有理就应该接受，如果批评的无理也应该以理服人。

顺利完成采访后，我表示想参观一下他们的烤烟房，大叔热情地为我做向导，一边为我介绍烤烟房的使用，一边站在烤烟房的两根悬梁中间接过家人递过来的新鲜烟叶串。交谈中，我了解到，烤烟叶的市场利润在农户这里并不高。

农民和城镇居民之间的收入差距越来越大，我们在新平的所见所闻并不是孤例，我所访问的家户鲜少拥有高收入的农民，阳光之下并无新事，新平并不“新”，如果让我自己从调查问卷中选择一个最想回答的问题，我会选择“哪一个行业理应享有更高的收入？”并回答：“农民。”

七　结语

本次 CGSS 的参与经历让我迈出了社会调研的第一步，但也暴露了我在调研中的很多不足，其中最突出的问题是我在本文写作的过程中意识到的：我在调研过程中对样本地区的历史和经济状况缺乏了解和询问。就调研行为本身来说，虽然各问题没有预设答案，但一些诸如同性恋、男女定位和阶层收入差异的问题想必能有效拓宽受访者和访问员今后的观察和思考。

在问卷内容的设计上，我有一个建议，那就是在边疆地区的问卷中增加询问受访者对有关中华民族共同体或者说中华民族概念本身的理解。

最后，这一次踏出同温层和舒适圈的社会调研给我的最大启发是，历史的火车载着世界夫人和随从们的赞美声，或许呈螺旋状地向上爬升，可终究是“或许”。这时，我们须把头伸出窗外，让凉风镇静温室里微醺的脑袋，更重要的是，把目光投向那些不同的车厢，侧耳倾听在车轨声掩盖下那许多乡村农人的失语。我们应学历史上的理想主义者们，一次又一次地告别美丽又残酷的过去：“珍重，世界夫人。”[①]

① 〔德〕赫尔曼·黑塞：《漫游者寄宿所：黑塞诗选》，欧凡译，上海人民出版社，2012，第174页。

我与乡土中国的故事

郭光玉

引　言

第一次接触“乡土中国”这个词，是在费孝通先生著述的《乡土中国》一书中。正如费孝通先生所言，乡土中国强调的是中国传统社会中一些深植于中国社会文化土壤之中的固有的、本质的特性和规律，并对社会生活的各个方面产生深远的影响。简单来说，乡土中国研究中国农村地区的社会结构与文化特点。在这里，我借用乡土中国这一社会学概念，来记录我于2023年7月深入基层进行社会调查的所见所闻。此前，我并未系统学过关于社会调查的相关课程。只记得在读大学期间，因为课程安排与实践活动需要，零零碎碎看过部分相关的视频与书籍，并未真正意识到社会调查对于更好地认识与理解中国的重要性。直到后来的读研阶段，社会调查似乎成为我们文科生的一项必备技能。无论是做科研，还是参加课外竞赛，都需要用事实来说话，用数据做支撑。

社会调查，顾名思义，是一种深入了解社会现象、问题和行为的研究方法，通过对个体或群体的观察、访谈、问卷调查和资料分析等手段，试图揭示社会中的规律和问题，并为社会科学提供实证数据和理论支撑。在我看来，社会调查具有认识与改造双重价值。认识价值在于深入了解社会的真实面貌，揭示社会现象的本质和规律，从而为科学研究和决策提供依据。改造价值指的是更好地预测社会发展的方向与趋势，推动社会变革和进步；更为重要的是，它对访问员自身发展有了质的提升，这种提升不仅体现在眼界、视野与思维的开阔，还体现在精神层面的升华与身体素质的增强。

2023 年 7 月初，我从导师那里得知此次社会调查的信息，在阅读完访问员招募的具体要求后，我第一时间就提交了相关的报名信息。之所以会毫不犹豫参加，有两个原因：一是对社会调查有着浓厚的兴趣。这要从我从小的生活环境说起，我出生在一个普通的农村家庭，深知农村社会的文化习俗、思想观念对一个人产生潜移默化的影响；也了解农村地区的贫穷与落后。但我依然热爱家乡的这片土地。我是个土生土长的农村人，与农村的一人一事、一景一物有着说不清道不明的情结，难得有这样一个宝贵的机会摆在眼前，可以到不同的地方感受不一样的乡土人情，必须为自己争取。二是想借此机会好好磨炼自己，无论是思维还是精神，抑或是身体。于是，便有了这次难忘的调查之旅。

此次调查是由中国人民大学所组织的“中国综合社会调查”（Chinese General Social Survey，简写为 CGSS），十分荣幸成为云南组访问员中的一员，共同完成剑川、寻甸、巧家、新平四个调查点的任务指标。这次社会调查历时十余天，时至今日，已经过去了大半年，但这一路上的点点滴滴仍历历在目，值得我用一生来回忆，成为我人生中最宝贵的财富。回望来时路，大自然的鬼斧神工之美让人叹为观止，老百姓的善良淳朴之心让人敬佩不已；也经历过酷暑暴雨的恶劣天气，见识到辛勤农民的艰苦生活。当然，更多的是内心深处的人生感悟。一路走来，一路成长，一路收获，一路感恩。

一　调查纪实

7月伊始，我们进行了两天的线下培训学习，培训共分为理论讲解与实操演练两个部分，并要求通过考核者方能加入。在培训中，对理论讲解部分的理解并没有什么大问题，实操演练部分是两两组队，模拟实地调查现场。由于都是一同培训的伙伴，演练中忽略了许多突发状况，整体下来觉得基本没有什么问题，这也为后面的实地调查工作埋下了一颗不好的种子。

7月9日当天，在项目组罗老师的带领下，我们前往第一个调查目的地——大理白族自治州剑川县。因为老家是大理的，这里的一切对我来说并不陌生，反而很亲切，当列车经过家门口稍作停留时，归家心切油然而生，又赶上正值暑假，“独在异乡为异客，每逢佳节倍思亲”的在外游子思乡之情涌上心头……到达目的地，住下已是傍晚8点多。此次项目组成员共有 20 余人，被分为两个调查小组，分别由两位督导员进行管理，负责调查工作的全程跟进。

按照计划，第二天我们便踩点了第一个村镇。但由于实践经验不足与不可控因素影响，在一开始的调查过程中处处碰壁，拒访、访户不在家等情况屡屡发生，还有问卷进行到一半时被受访者强行中止的现象，耽误了很多时间，导致上午的任务量并未达标，但我并没有因此灰心丧气。一回生，二回熟。吸取了上午的经验教训，下午的入户调查工作进展还算顺利。正常情况下，一份问卷完成时间在四十分钟到一个小时，加上上午的效率并不高，以至于加班到晚上 9 点多才把这一天的工作量完成。结束一天的工作下来，说不累是假的，但收获是真的，从遇事退缩到主动出击，从紧张慌乱到从容不迫……一点一滴的蜕变都是我在进步的过程。

接下来的一天，大家重新调整好状态，到达另一个村镇。这里是一个古镇，身为大理人的我，初到该地，早已被这些古色古香的建筑所吸引，浓郁的民族风情，充满着烟火气，大伙沉浸其中，差点忘了我们到这儿要办的正事。来到当地的村委会，完成工作交接后，便又开始了忙碌的一天。在村干部的全力支持与访户们的积极配合下，不到下午 6 点我们就完成了工作。之后，我们与另一个小组会合，一起在古镇里闲逛了一圈。这一天显然没有前面一天那么奔波劳累，我也在一次又一次的敲门声中不断总结经验，调查工作也越来越得心应手。到这里，第一站的调查工作在这两天的努力中顺利完成。

7 月 13 日，经过一番休整，我们踏上下一站调查之路——昆明市寻甸县。我们调查的地方是新近由农村社区转变过来的城市社区，次日上午，先是到居委会，一切安排妥当后，我们就开始入户。因为居委会人手有限，给我带路的是当地的一位居民，这里一半以上都是回族人，路上遇到羊成群结队的景象也不足为奇。很快到了访户家中，被抽中的受访对象是一位叔叔，正忙于杂活，一开始叔叔以“没时间，忙不过来”为由，拒绝此次访问，经再三协商，最终叔叔同意了。于是，在不影响叔叔正常干活的情况下，访问工作耗费一个多小时才搞定。可是，令人头疼的事还是发生了。当我在群里汇报完已完成访问家户名字后，却被督导员告知我与另外一名访问员访问的家户重名了，虽然没有造成严重后果，但最终样本判为无效，大大浪费了时间精力，降低了整体的调查进度。这次疏忽也警示了我，在开始入户前首先要确保实际标的物与样本清单信息保持一致，以防类似的情况再次发生。结束完上午的调查，下午到达的调查点同样属于村改居。前两家入户拜访均无果。第一家拜访失败的原因是户主已去世，家里也没有其他人；第二家是因为常年在外打工。直到第三家，才得以顺利进行，也因此，一下午的时间就只完成了这一户的问卷调查，好在督导员那边统计总量达到了指定目标，我们也就坐上车回酒店了。

15日早上，我们来到一个村庄，进入村口，抬头看见“中国工农红军”旗帜，从村头到村尾，随处可见。据说，中国工农红军长征曾经过此地，这里还有一个红军长征纪念馆。这天的任务相对轻松，每名访问员只需完成三户入户调查即可。在走访过程中，给我最大的感受就是当地的“空巢化”现象较为严重，大部分都是独居老人，不仅我这样认为，同行的伙伴们也深有感触。尤其我遇到的第一家访户，至今仍令我记忆犹新。家里偌大的小洋房，却只有两位老人和孩子居住，交谈中才得知孩子的爸妈因意外都不在人世了。“以前一直住的都是旁边的土房子，后来赔款下来，村上的人一起帮忙建造了这栋房子。”孩子奶奶向我诉说着家里的悲惨遭遇。在访谈期间，爷爷奶奶都十分配合，问卷中有许多问题都是专业化的表述，对此爷爷奶奶还是会不厌其烦听我解说，对每一个问题的回答都很认真负责。接下来的两家访户情况亦如此，都是只有老人在家，子女常年在外打工，所以，这一天基本上都在与老人打交道，好在沟通比较顺畅，也按质按量完成任务。

时间过得很快……本站的调查工作在村干部的温情目送中结束了。这次最大的遗憾就是时间比较紧凑，抽不开身到当地的红军长征纪念馆走走，没能沉浸在历史的长河中忆峥嵘岁月，以后有机会一定要好好来看看！

剩下的两站可没有之前那么轻松幸运了。位置偏僻、信号不佳、交通不便、晕车、爆胎、生病、酷暑、暴雨……倒霉的事情全被我赶上了。当然，也有很多暖心感动的瞬间。老师的关心体谅、同伴的嘘寒问暖、村干部的热情款待、村民的善良淳朴、路人的鼎力相助……成为我继续前行的强大动力。

昭通市巧家县是我们调查的第三站。提到昭通巧家，大家最先想到的是什么？有人说，这里深山峡谷、道路崎岖；有人说，这里穷乡僻壤、落后闭塞；还有人说，这里是一个有山有水的好地方；等等。在此之前，我也同样对这个地方充满了好奇，这次终于有机会实地感受。出发前一晚，督导员与当地对接人就给我们打了“预防针”，叮嘱我们要调整好作息时间，接下来两天的调查工作会相对艰苦，不仅路途遥远，路难走，工作量也比较大。

7 月 17 日这天，大伙儿起了个大早，收拾好行囊，整装待发。路途中，同行的伙伴们放声高歌。车子开到半山腰，大家都被车窗外的美景——金沙江所震撼。不得不说，这是一个俯瞰金沙江的极佳位置，放眼望去，对面就是四川大凉山，那一刻多想沉醉其中！到达目的地已是上午 10 点多，紧凑的时间容不得我们喘口气，便开始了人员分工，随即就开始入户调查。初次到这里，给我的直观感受用“这里的山路十八弯”来形容再合适不过。加之正值炎热夏季，这里的温度相对比较高，骄阳似火，犹如进到蒸笼里一般，热得直叫人心烦意乱……这里基本上都是蜿蜒崎岖的山路，受访家户住得相对零散，离村委会也有一定距离。一番商议下来，最终决定每个村干部带领两到三个访问员负责一个片区。坐在村干部的摩托车上一路颠簸，大概二十多分钟后才到达访户家中，因位置比较偏僻，电子设备接收不到网络，问卷数据也无法上传到系统，多次尝试连接访户家中的网络都以失败告终。无奈之下，我只能端着电脑找到一个空旷且地势稍高的地方，借助微弱的信号将数据上传成功。

第二天的情况也很糟糕，车到半路就遇上塞车，等道路畅通都快到上午 11 点了，但也没办法，这两天的任务繁重，每名访问员的任务指标最低都是四户。当我访问完两户已经是下午 1 点多了，匆忙回到村委会吃个饭，又继续下午的调查。两天的工作量令我身心疲惫，幸运的是，访谈过程都很顺利，并且也有很大收获。在入户调查中，得知当地村民的整体生活水平都比较低下，因主要种植玉米这一粮食作物，部分村民仍以玉米面作为主食，近几年收成一直不太好。在家的基本只有小孩和老人，年轻人都外出务工去了，这里山高路远，受到多重条件限制，他们逛街购物的频率都得以“年”为计算单位。网上那些用华丽辞藻修饰、精美图片映衬的宣传片，呈现给众人的当然是最好的一面，而这背后的真实情况只有身临其境才能够顿悟……

结束完巧家县的调查工作，7 月 19 日，从白天到黑夜，从长途大巴到长途汽车，坐了一天车，终于到达最后一站——玉溪市新平县。

进行到这一站，此次社会调查也即将接近尾声。但不幸的事还是发生了，由于路途遥远，我有点儿晕车，再加上中途饭点下车不小心淋了雨，当晚在酒店住下后就出现发烧症状，随即在群里询问同伴是否有退烧药，我们组的督导员看到消息后第一时间联系了我，才得知原来另一位督导员也发烧了，她恰巧在药店。为了能够精准对症下药，督导员直接将电话拿给店员咨询我的具体症状，没几分钟，督导员就贴心地把药送到我房间里，还收到了罗老师以及其他同伴的关心慰问。在此之前，我们彼此间互不认识，大家来自不同专业、不同学院甚至不同的学校，但正是因为这次中国综合社会调查（CGSS），才聚在一起。对此，我真的十分感动，也非常感恩我所遇到的每一个人。

经过一晚上的折腾，身体恢复了许多，便跟随大伙一同前往调查地。我与另外三位同伴因身体不适坐出租车，其他人则乘坐大巴。一路上都是大雨连绵，倒霉的是还遇上了山体滑坡，滚落的石头挡在公路上，司机一时间来不及避让，从石头上碾轧过去，致使车子爆胎。我们不得不下车等待师傅换胎，更难的是，在大雨天气阻碍下，仅凭师傅一人无法完成换胎，我们几个女生也帮不上什么忙，只能静静在一旁等待。不知道过了多久，只见一辆出租车缓缓向我们驶来，一看原来是“救星”来了。不一会儿，又来了一位司机增援，有了这两位陌生人的鼎力相助，一番大费周章的波折后，终于可以继续赶路了。大雨过后，眺望远处，映入眼帘的是一抹苍翠欲滴的浓绿，游走在山峦间若隐若现的雾气作为陪衬，如诗如画，宛如走进人间仙境一般。

等我们四人到达村委会时，其他同伴都快访完两户了，还好我们四人中有两名是督导员，没有太耽误工作。我与另一名访问员争分夺秒完成我们落下的工作，罗老师因为担心我的身体，便陪同我一起入户。第一户受访者是一位 50 多岁的独居叔叔，最大的问题是沟通障碍，叔叔不太能听懂普通话，于是我换成了地方方言，但与他们本地方言有一定差距，听起来有些字眼还是难理解，不过都属于云南的，用方言沟通起来比普通话好很多，有个别难以理解的词句，我就换一种相对接地气的本土化表述，最后也顺利完成问卷。然而，我再一次出现发热症状，走路都感觉天旋地转，访谈过程中也是处于一种昏昏沉沉的状态，一直坚持到访完这户，我的身体实在支撑不住了。随后，我与罗老师申请回村委会休息，而我的工作就只能增加到其他同伴身上，因为自己拖了整个团队的进度，打心底感到自责。

7 月 21 日，迎来了社会调查的最后一天。这天大家都热情高涨，我也不例外。因为之前生病，我没有完成目标，整天都全力以赴投入调查工作中，下午 4 点我就做了 4 户问卷调查，完成了督导员规定的指标，剩下的时间便去协助还未完成目标的同伴们。在调查期间，村干部帮助我们疏通好一切障碍，到了饭点，对我们热情款待，忙前忙后做了一大桌菜，让人赞不绝口！村民更是如此，对我们的调查工作极力支持，全程都十分配合。每每结束一户访问之后，他们都会拿出一些可能自己平时都舍不得吃的东西招待我们，表示非常理解我们的工作，觉得我们一路上都在奔波忙碌，确实辛苦劳累。这让我真正感受到人情温暖，对我来说，这是一次难以忘怀的实践经历。

中国综合社会调查（CGSS）的旅程结束了，但我与CGSS的故事并未结束，我与乡土中国的故事也未结束。我与CGSS的故事，与乡土中国的故事，是我向往的生活圈，记录了与伙伴们相处时的点滴回忆，见证了我行走在漫长路途中的每一道风景；也是我奋斗的学习圈，勇敢挑战自己，经历各种可能性，不断迎接更优秀的自我。我在这条路上经历了焦躁、困惑和抱怨，但它们也让我看到了自己更加坚强和不甘于失败的一面。这将成为我人生中一段美好的回忆，也是我成长中一笔宝贵的财富。

二　个人感悟

不知不觉中，CGSS已经过去了大半年，现在回想起来仍记忆犹新，一段段经历浮现于脑海，从中受益良多。在这次社会调查中，我将个人感悟总结为以下四个关键词：社会信任、沟通技巧、心理素质与身体压力。

第一，在社会调查中，取得访户信任是成功入户的第一步。我们经常遇到拒访、入户难等问题，究其原因，就是访问员与访户之间没有建立足够的信任。如何与陌生人建立信任关系，这很关键。首先，展现出亲和力的一面，能够拉近彼此间的距离。在向访户介绍来访目的时，不仅需要表述清楚，语气柔和、态度谦和也同样重要，这会让对方感到很舒服、亲切，容易取得访户的信任。如果语气生硬、傲慢无礼，就会给人一种“高高在上”的姿态，这样很难取得访户的信任。访谈过程中亦是如此。其次，倾听是建立信任的重要基石。当我们与访户交谈时，应当倾听他们的意见、感受和需求。只有当访户真正感觉到自己被别人尊重或重视时，他们才会对你敞开心扉。同时，倾听也需要专注和耐心，不要急于表达自己的观点，而应全神贯注地聆听对方所说的每一个细节。当然，如果访户对于问卷题目的回答扯得太远，也应及时拉回主题，以防止过多浪费时间。最后，建立共同利益和情感共鸣是增强信任的关键。在社会调查中，我们要学会察言观色，巧妙借助人、事、物，找准时机与访户搭讪，激发访户的兴趣点，与之产生情感共鸣。此外，对于涉及敏感或私人信息的问题，应提前向访户解释说明，告知他们信息的用途，并说明公开的一切数据信息都不会涉及个人隐私，以保护访户利益。

第二，沟通是一门艺术。没有沟通就没有效率，良好的沟通能够增进人与人之间的关系，提高办事效率。在日常生活中，与人打交道需要沟通，产生矛盾误会需要沟通，求人办事同样也讲究沟通……沟通无处不在无时不有，在社会调查中也不例外。一般而言，调查中访问员接触到最多的主体有三个：访户、督导员以及同行的其他访问员。访问员想要处理好与其他三个主体间的关系，关键就在于沟通。首先是访问员与访户之间的沟通，相较于另外两个主体来说，这是最为重要的，我用“会说话”来比喻。在这里，“会说话”的意思是，在与访户进行访谈时，要把问题讲清楚说明白，对于问卷中的专业术语要能够以一种“接地气”的语言通俗易懂地讲出来，让访户便于理解，从而能够高效回答问题。这就要求访问员不仅要有扎实的理论基础，还要有足够高水平的表达能力，最好是能够用当地方言沟通。讲完访问员与访户，下面就来聊一聊访问员与督导员之间需要如何进行沟通。我用“说好话”来概括，具体而言，就是在调查中遇到问题时要以一种谦虚请教他人的态度，用温和、真诚的语气，而不是趾高气扬，一副高高在上的样子，督导员对待访问员也是如此。于我而言，我自认为在此次调查工作期间我与督导员之间的沟通还算是频繁的，无论是工作上还是个人生活上，联系都非常密切。尽管在此之前，我们各自都不认识对方，经过半个月的相处，督导员的生活作风与工作能力，我还是比较钦佩的。最后，我想谈谈沟通在访问员与访问员之间的重要性，我用“好说话”三字来形容，即彼此之间应该是相互理解、相互包容，团队里遇到问题与困难，大家一起商量着来解决，像一个大家庭一样团结和睦。对于这一点，我觉得我是有发言权的，在我们这个团队，至少在我们小组，尽管大家都来自不同专业、不同学校，甚至不同地方，因为一个共同的目标聚集在一起，朝夕相处了半个月，其中一人遇到困难，其他人都会竭尽全力相助。我非常喜欢我们这个团队，工作时互相帮扶，提高工作效率，休息时大家一起出去吃吃饭或者喝点小酒以此增进友谊，相处十分融洽。

第三，心理素质越好的人，相对来说成功的概率越高。这是我在此次 CGSS 中收获的第三点感悟。在一个个陌生的地方，面对一副副陌生的面孔，一份份数不清的问卷时，除了学会自我调节与自我适应，我们别无选择。这些都是我们人生中必须经历的事，迟早都要面对，只是时间问题。从培训时的初次见面，带着一丝丝紧张与不安向同伴介绍自己，到结束时的告别聚会，大方地与老乡一起唱着家乡民谣；从最开始村干部陪同入户，到后来全程独立完成入户调查，所有的胆怯畏惧、羞涩腼腆，都在一次次敲门声中慢慢消散。总结经验，最重要的莫过于勇敢迈出第一步，今天的自己比昨天厉害，便是在进步。“世上无难事，只怕有心人。”同样地，在社会调查中，“拒访”是再正常不过的现象。面对受访者拒访，摆正心态很重要。不能因为遇到个别访户拒访就灰心气馁，而应当及时转换思路，换一种策略技巧，尝试扭转局面。对于态度恶劣、言语攻击的受访者，没有必要浪费时间精力，与之多争执，避免引起更大的冲突。记得在剑川调查的第一天，入户前当地村干部就给我打过“预防针”，告知我接下来这三户都不太好说话，让我有个心理准备，果然连续吃了三次“闭门羹”。当时的心情确实很失落，接二连三的失败也很打击自信心，但我有足够的耐心与信心，及时调整了自己的心理状态，继续下一户的调查工作。现在想想，也确实如此，很多事情并不能掌握在我们自己手中，唯一能做的就是把自己该做的事情努力做好，让自己变优秀、变强大起来，培养自己独当一面的能力，其他的就交给时间。

第四，身体是革命的本钱，是成功完成社会调查的关键因素。这是我在本次社会调查中的最大感悟。的确，身体垮了，什么事情也做不好。虽然早在一开始，我就预料到这条调查之路势必会很辛苦，也做好了吃苦的准备。不过在实际的调查工作中，身体上的压力还是让我吃不消，每一天基本都是“在路上”，顶着烈日、冒着风雨，穿梭在村委会与访户之间，一遍遍机械重复读问卷题目，一天下来难免感到身心俱疲，但还在我身体所能承受的范围之内。在此次调查的最后一站，突来的生病让我不知所措，因为不想拖累整个团队的进度，一开始我坚持抱病工作，到了后面，实在坚持不下去了，才申请休息。增强体质的重要性这时候显现出来了。生病这件事真是给了我当头一棒，对此，我一直深感愧疚。正是因为经历了这些事情之后，我才真正意识到身体的重要性，以前总以为很多事离我们都太遥远，因此没放在心上，如今终于领悟“身体是革命的本钱”这句话。以至于从调查结束至今，我每天都坚持锻炼身体，增强体质，也注意平时的饮食习惯、作息时间，体质增强了，生活、学习与工作之路也会舒心许多。

这一路，需要感谢的人很多很多，让我在一次次实践中越挫越勇，在实践中求得真知。这一路，有太多太多感慨与收获，足够我这一生来慢慢回味……

“用脚步丈量祖国大地，用眼睛发现中国精神，用耳朵倾听人民呼声，用内心感应时代脉搏”[①]，这是习近平总书记

① 《习言道 | “希望广大青年用脚步丈量祖国大地”》，中国新闻网，2022 年 4 月 27 日，http:// www.chinanews.com.cn/gn/2022/04-27/9740519.shtml。

对我们广大青年提出的殷切希望。道虽迩，不行不至；事虽小，不为不成。非常庆幸抓住了这次暑期实践机会，成为中国综合社会调查的一名访问员，在这个过程中，无论是调查方法的学习，还是自身素质的锻炼，对我来说，都是我研究生学习生涯中宝贵的一课。

乡村治理浅思

杨　航

引　言

“民族”“旅游”“边境”是我在省外求学与周围同学谈及云南时，绕不开的三个主题词。边境地区，农村的稳定与发展对民族团结与社会和谐至关重要。改善农村基层治理对民族文化的传承与保护、促进民族团结、优化农村社会结构、实现乡村振兴具有重要战略意义。

作为一名公共管理系的研究生，我却从未涉足过类似的社会调查活动。在这充满生机的夏日里，我有幸踏上了既熟悉又陌生的云南调查之旅。通过深入走访与交流，我得以感知边疆基层治理的真实面貌，洞悉农村生活的方方面面。这次调查让我发现了许多有趣而深刻的现象。在为期 12 天的调查途中，有舟车劳顿但从不乏车上的欢声笑语，有不被理解但更多的是与老师同学通力合作完成问卷后的满满成就感。这12天是我2023年过得最充实、最有意义的12天，每一天都值得我用一辈子去铭记和回味。

本文记录这次田野之行的所见所闻，以及对边疆基层治理的个人思考。通过这次社会调查活动，我深刻认识到了基层治理对于边疆地区的重要性，也更加坚定了我在公共管理领域的研究方向。我希望通过自己的努力，为改善基层治理、促进边疆地区的可持续发展做出贡献。

一 “岗”前培训

1. 兴奋而紧张

当公布我进入最终培训名单时，我既感到兴奋又略感紧张。兴奋的是，能真正走进田野，入户调查；紧张的是，我怕自己能力不足，完不成此次调查任务，给整个团队拖后腿。怀着这种“阴晴不定”的情绪，我进入历时两天的调查前培训。刚进培训教室，映入眼帘的是两大本白皮书。一本是《CGSS调查手册》，另一本是《居民调查问卷》。随意翻看，不明所以的抽样地图和复杂的问卷操作流程不禁让我萌生想退出的想法。我环顾四周，想找到同伴们跟我一样“丈二和尚摸不着头脑”的神情，看到大家也满脸疑惑，我心里不禁踏实许多。“不懂很正常，下面的培训，我认真听，一定能通过最终的考核的！”我在心里默默安慰自己。接下来的两天培训时间表安排得很紧凑，中午很多同学都不回宿舍午休，直接在培训室的座椅上小憩。大家听得都十分认真，书上的内容并没有想象中那么困难，一天培训下来，可以明显感觉到大家的疲惫，但没有一个人选择退出。

2. 识“战友”

培训的头一天，由于性格比较内向，我选了最远最靠后的一个位置，没有同学坐我旁边（社恐的毛病又开始作祟了！），这就导致刚开始我没认识到任何同学，反而是自己设置了一道屏障，不想让别人来了解我。第二天的培训有一个环节让我特别担心，就是模仿入户调查，由于第一天没认识到任何同学，我心里非常慌张。我的督导员仿佛看穿了我的心思，她友善地给我安排了一位和我专业相近又善谈的同学作我的搭档，我和他聊得很愉快，我敞开心扉和他探讨了很多问题，他是我认识的第一位团队成员，是一个很好的开端，接下来的几天调研过程中，我又陆陆续续认识了许多来自五湖四海的好兄弟、好姐妹。

3. 融入集体

最终大家都顺利通过考核，我们的带队老师出场啦！之前也在百度上搜索过，只知道这是一位很牛的老师，在学术上有很深的造诣。“这么牛的人肯定架子也不小。”我心里默默想着，但并非如此。罗老师给我的第一印象就是平易近人，他好像从不吝啬他的笑容，幽默地介绍着接下来的行程安排。罗老师要求我们各自做自我介绍，但我沉浸在自己一会儿的发言恐惧当中，对前面同学的自我介绍吸收的信息不多，甚至名字都记不住，就是机械性地不停鼓掌，到最后我做介绍的时候，我强打精神，支支吾吾一股脑说完后赶快坐下，生怕别人注意到我。最后老师和我们在学院大楼前拍照留念，大家很有默契地分了“男左女右”。

出发前，罗老师和督导员告知我们本次调查的行程，强调本次社会调查的安全、纪律问题，隔日便出发，第一站是大理。

二　白族风情：剑川

（一）田野趣记

1. 路遇“祥云”

我们计划下午 1 时 30 分从昆明南站出发，乘高铁前往大理。昆明的天气阴沉沉的，但我内心的激动丝毫没有受到阴天的影响，舍友送别到地铁站，作了简短的告别，我就到昆明南站与接下来一起同甘共苦的 24 位老师、同学会合。刚开始蛮尴尬，因为我好像插不上他们的话茬，也没有认识的人，就是不停地微笑示意，在高铁上美美地睡了一个午觉，醒来碰巧途经大理祥云站，我很喜欢“祥云”这个名字，词典里是这样来解释这个词语的：祥云，意指象征祥瑞的云气，传说中神仙所乘驾的彩云。当然我并不知道这个地名有没有什么来历，不过听上去心里感觉舒服，似乎在预示着接下来两天的剑川社会调查会一切顺利。

2. 大理风光

下午大约 4 时 40 分，我们就到达了大理站，我对大理高铁站没有任何的印象，虽然曾经来大理旅游的次数不下五六次，但搭乘高铁还是第一次，随后我们就包车前往剑川。我们分两辆车分别前往，我被分配到一辆很旧、车厢空间狭小的面包车上，小雨淅淅沥沥，苍山雾气缭绕，好像一个羞涩的姑娘，不敢出门迎接远方而来的游客。雾气下的苍山别有一番韵味，想象着沏上一杯咖啡，悠闲地坐在古城民宿古色古香的桌边，让自己的灵魂在雨声中慢慢升华。但肚子的咕咕叫声很快又把我的思绪拉回到面包车上，督导员与司机拉着家常，后排的几位同学不知道是睡着了还是闭目养神，出奇地安静。我欣赏着窗外的一切：百看不厌的苍山，偶尔出现在窗外的洱海，吆喝叫卖的小商小贩，来来往往拖着行李箱的游客，仿佛构成了一幅只属于大理的“清明上河图”，知识渊博的同学在路过崇圣寺三塔时还给我们讲解大理国辉煌的历史。随着车驶出大理城区，路边稀稀落落的村子院落映入眼帘，这些院子依旧保持着“三坊一照壁”的白族特征。

3. 下榻剑阳

到达剑川县城已经是晚上 8 时许，夏季白昼较长，晚上 8 点，夜幕才“姗姗来迟”，我们趁着夜幕把行李运到第一天下榻的客栈——剑阳客栈。客栈坐落在剑阳古城的中心，剑阳楼旁。第一眼的剑川古城，让我眼前一亮，这里出奇地寂静，仿佛一位老人，有着浓厚的历史文化气息但不喧闹。历史悠久的剑川古城，历经繁华与沧桑，留下了让人陶醉的那一片宁静。剑阳客栈紧邻古城地标建筑剑阳楼，建筑形式为木结构“三坊一照壁”，是典型的白族民居式客栈，独具民族风格，让人置身在白族人家院落栖息的同时，还可一睹中国木雕艺术之乡——剑川木雕的神工，一组组六合门，一扇扇格子窗，飞檐串角，精巧严谨，手工雕刻的山水人物、花鸟虫鱼栩栩如生，无不向人展示着剑川匠人精湛的技艺；客栈共有四个院落，客房的装饰融合了明清家具、仿古灯饰、白族民俗壁画等传统元素，古朴大方，简洁舒适。简单洗漱，入睡。

4. 小试牛刀

可能是认床的原因，也可能是外出调查的兴奋感，我一夜未眠。第二天一早，镜子里的两个黑眼圈十分明显，但我并不觉得劳累，约定 7 时 40 分在院中集合，督导员在强调着一些注意事项，发放我们的访问员证件。随后就出发了，我们分为两组。一组主要负责城区某社区的住户调查访问，二组前往离县城稍远的沙溪镇某村调查访问。我被分在了二组，主要负责农村住户访问，到村委会跟相关工作人打过照面后，有两名村委会工作人员带我们分别进行入户访问。当天总共访问了三户，虽说经过培训，但第一次入户调查还是感觉很紧张。第一户访问的是一位老爷爷，刚开始对于我这样一个“不速之客”，他表现出些许排斥，但随着我不断地拉家常，我们之间的生疏感也渐渐淡了，好像多年未见的挚友，讲到曾经在工厂的峥嵘岁月，我甚至都能看到他眼里闪烁的泪花，访谈大概持续了一个半小时，谈完早过正午，肚子饿意全无，充满了成就感。回剑阳客栈，匆匆午饭过后，买了一瓶雪碧，奖励自己的小有成就。

5. 晴天霹雳

本来晴空万里的天气，到了下午，居然淅淅沥沥地飘起小雨，也预示着下午的遭遇。工作人员把我引到一位抽中的访户，家里只有老奶奶一人，老太太年过花甲，慈眉善目，她得知我的来意后，很热情地欢迎了我，正当我以为今天下午的访问会很顺利的时候，一个电话瞬间把我从天堂拉到了地狱，电话是老太太的儿子打过来的，我接过老太太的手机，闻声而来的是带有情绪的声音：“喂？你是哪个？为什么进我们家？有什么目的？”连续的发问加上剑川的本地方言让我脑袋一震，我略带委屈地向他解释了我此行的目的，没等我说完，他问："是强制的吗？"事已至此，我已预见结果。他命令道："现在！立刻！马上走出我的家门！"我很庆幸，他没说滚出去，但我真的很难受、很委屈，但转念一想，如果家里面是我奶奶在家，又有声称大学生上门访问，想必我也会害怕老人被骗，随后我苦笑地对奶奶说，谢谢您，祝您身体健康、长命百岁！虽说出发前我就做好心理准备，但真真切切发生时，我心里真的非常难受。

调整好心态再出发，可"麻绳专挑细处断，厄运专挑苦命人"，第二户是卫生所的清洁人员，嬢嬢（云南本地对"阿姨"的称呼）笑起来超级温柔，仿佛眼睛也会说话似的，我们聊了一个多小时，后面结束的时候仍旧意犹未尽，她为了我的访谈还上班迟到了半个小时，出门的时候，她还很热情地洗了水果，给我塞了一把雨伞，一切都很美好，但最后上问卷的时候，我大脑裂开了，录音文件显示为0，这也意味着我的这份问卷被判定为废卷，我端着电脑站在门口的屋檐下，心里好难受，真的好难受，好不容易争取来的样本被我搞砸了，我拖了整个团队的后腿。我提着电脑包漫不经心地漫步在村道里，雨后的乡村景色很美，但一切都与我无关，我心里只有那一份我搞砸了的问卷。

6. 雨后天晴

回古城后，我走到剑川文化局门口，准备进去上个厕所，一位中年光头男子向我走来，他对我大声呵斥，我赶忙上去解释说我想上个厕所，他又哼哼了两声，我才发现他是一位聋哑人，我比画着要上厕所，他很热情地把我引导到卫生间，上完厕所出来，我对他说"谢谢你"，他给了我一个特别纯真朴实的笑容，我大概一辈子都忘不了，临走时他又哼哼了两句，走过来提醒我的背包没拉拉链，我又连连道谢，他看到我挂着中国综合社会调查（CGSS）访问员的牌子，拿起来细细地看了看，对我竖了个大拇指，又招呼着我出去。是啊，比起他，我这点委屈又算得了什么，真的很喜欢能够向外传播积极情绪和正能量的人呀！回到住处，我的团队成员都在安慰我，他们都在说：没事，没事！第一次嘛！真的好感动，心里也在默默发誓，一定不会再出现这种低级错误了。食毕，就寝。

（二）治理浅思

1. 发展才是硬道理

为了入户调查的顺利进行，必须搞好与村委会工作人员的关系，但到了后来，我发现我们之间的关系不只局限于“合作”，从“逢人只说三分话”到“推心置腹”好像并不困难。每谈及村里的治理问题，他们似乎并没有把一个20岁小伙子说出的看法当作“高谈阔论”，我们甚至在一些问题上还做过深入的探讨。他们直言：“老百姓最关心的是经济问题，经济基础决定上层建筑！以前包产到户，现在不行啦，要有集体经济、集体产业，集中力量才能办大事发大财！”这在我对住户们的访谈中也得到了验证，印象最深的是一位老奶奶对我说：“国际形势？不懂！只知道现在政策对农民挺友好，国家有补助，政府有政策，我们乡下人只有种田地，实实在在地过日子。”

2. “出路”or“陷阱”？

路在何方？怎么带领村民致富？村委会工作人员面面相

觑，打趣道："向别人取经呗，咱们剑川山水有，民族文化也有，别人搞农旅，我们也搞，民宿、露营……""效果怎么样呢？"我追问道，村支书不好意思地说："刚开始还风风火火，上面也来调研过，后面就不行了……"乡村旅游确实不失为实现乡村振兴的一条捷径，但这条路上似乎已经"挤满了人"。受经济下行的影响，市场信心不足，再加上传统农旅融合项目投资大、建设周期长、收益不确定，导致对外招商引资困难，要靠农村旅游实现乡村振兴任重道远，但这么好的资源该怎样整合？怎样扬弃？我跟他们分享了我的一些看法，希望有抛砖引玉的效果。

3. 走轻资产、创新型的农旅融合道路

"项目不能一来就做得太大，轻资产性，不需要太大的投资。""轻资产"模式降低了项目的投资风险，对于一些初创或中小规模的项目来说是特别有吸引力的，能够承受市场波动和不确定性。"要有创新性，不能照搬人家的模式，不然游客都审美疲劳了，还要让村民积极参与进来，减少阻力。"传统农旅融合大多为政企嵌入，村民互动相对较弱。重视村民互动与参与，强调其主体地位，通过轻资产的特点，更容易与当地社区协同发展，形成良好的共赢关系。"最后，运营要独立，这样项目就比较灵活，更加注重自身的经营和管理，更有利于资源的灵活调动。"不知道他们是故意捧场还是我的建议真的有点用处，他们听完后一直在夸赞我，说我书读得好。

剑川之行，告一段落，这是我第一次来，但绝不是最后一次。

启程，前往寻甸。

三　回彝情深：寻甸

（一）田野趣记

1. 寻甸初印象

寻甸全名寻甸回族彝族自治县，隶属昆明。虽在昆明求学，只知寻甸的乍甸酸奶、带皮黄牛肉，还从未踏足这片离我不足百里的土地。从大理乘高铁回昆明，又转坐大巴前往。车马劳顿，大部分“战友”在车上小憩，我不知道为什么，毫无困意，但我确信不是因为激动和兴奋。与大理风花雪月的浪漫气息形成鲜明对比，寻甸展现出一种朴实和自然的风貌。注重原生态，山清水秀，宁静而纯粹，与苍山洱海的风情万种平分秋色。临近傍晚，一群人浩浩荡荡入住酒店，由于舟车劳顿，晚饭各自解决，我邀约上三五同伴去品尝当地特色的带皮黄牛肉，果然名不虚传，所有的劳累在牛肉裹挟着酸菜入口的那一刻都消失殆尽。

2. 人间烟火

如果说剑川给人是一种悠然自得的心境的话，那我们碰到的寻甸赶集则让我好好感受了一把人间烟火。次日，依旧分两组，和我一组的小伙伴们前往金华乡某村委会。到村委会时，正值中午，烈阳似乎阻止不了乡下人对赶集的热情，商贩们面前的商品琳琅满目，以锄头、镰刀为主的农具居多。村支书高兴地欢迎我们到来，招呼我们先去逛逛集市，品尝下当地美食，然后便去安排下午的访谈调查工作。对于我们这些外乡人、生面孔，各位商贩好像并没有想“宰”我们一顿的想法，“只要你愿意，你能从街头一直吃到街尾。”我们组的一个小姑娘对我打趣道，不一会儿，大家从街上带来了许许多多的“战利品”，共同分享。

3.“活着”就是希望

午饭过后，我们便开始紧锣密鼓地展开当天的调查访问工作，受访的家户是一对50岁左右的中年农村夫妇。来给我开门的是一个身材瘦弱的中年男人，他面容沧桑，头上戴着穆斯林常戴的白帽，目光中透露着坚定和期待。他热情地招呼我到屋内坐下，一眼望去，屋里上了年纪的沙发上、桌子上摆满了瓶瓶罐罐的药物，20年前的老电视在屋子里显得格格不入。“咳咳咳，不好意思，让你见笑了，也没什么好东西来招待你……”循声望去，才发现半倚在角落里的女主人，我下意识地站起来，说明来意，她的丈夫忙着找一个干净的纸杯，给我倒热水。通过交谈，我了解到女主人已经卧床3年之久，各种疾病缠身，每天要服用大把大把的药物，用她的话说，是“已经被判了死刑的人了”。我尽可能不去谈及病情，但她脸上若隐若现的微笑告诉我，对此，她已然安之若素。到最后，我实在忍不住好奇，向她询问为什么有这么乐观积极的心态，女主人微笑着说：“活着，就是希望。”她的声音虽然微弱，但满是坚定和深沉。她告诉我，尽管身体状况每况愈下，但她依然坚信生活中有无尽的可能性。她说，每一天都是一份礼物，每一天都有值得珍惜的事情。她感激每一个倾心照顾她的人，感恩每一份关心和关爱。她说：“我虽然疾病缠身，但我还有亲人的陪伴，还有生活的希望。只要活着，就有可能改变命运，实现梦想。”她的乐观与坚强让我深受感动，她用自己的行动诠释了生命的伟大与意义。

（二）治理浅思

1. 农村空心化严峻

寻甸靠近省会昆明，城市的虹吸效应十分显著。在与一些回家探亲的年轻人交流中，我了解到城市对他们的吸引力是巨大的。高薪、舒适的生活环境，让年轻人更愿意选择在城市工作生活，而非留在农村。这种现象使得农村的年轻劳动力逐渐匮乏，农业生产面临不小的困扰。这样的现象，在与村支书谈话中也得到验证，他表示："一个是离家近，来回不到 3 个小时，大家都愿意外出打工找机会；另一个就是，城市玩处、吃处多，年轻人都不愿意回来。""现在的年轻人都往城里跑，留下我们这些老家伙。"老者感慨地说，他担心农村会因为年轻一代的流失而逐渐失去生机。

2. 传承与现代的碰撞

闲暇时刻，我在村口的小超市里与一些村民聊天。一位老者欣然接纳了我的访谈，他坐在我对面，深深地皱着眉头，眼底透露着岁月的沧桑。他自豪地向我介绍这片土地的农业历史，但在谈及农业现代化时，他的眼神里似乎带着些许不确定。与老者聊天的过程中，我发现他们对土地的眷恋是深沉而真挚的。一位妇女告诉我，她的家族已经在这片土地上生活了几代，土地是她们生活的根基。尽管现代化的浪潮在不断冲击，但她们依然希望能够继续守护这片土地，传承下去。

在走访了几个村庄后，我发现农业机械化正在这片土地上崭露头角。曾经需要数人耕作的农田，如今可以由一台农机轻松完成。这种现代化的变革，使得农业生产效率得到了极大的提升。在另一个村庄，我遇到了一位年轻的农民，他热衷于引进现代科技来改变农村的生活。他向我展示了一套智能化的农业管理系统，通过这套系统，他可以实时监测农田的温度、湿度等环境因素，使得农作物的生长更加精准。

科技的引进也带来了一些新的问题。一些农民担心机械化和科技化会使得部分传统手工业失业，他们希望在现代化的同时，能够保留一些传统的农业方式。

3. 拥抱现代化，弘扬农耕文化

当前农业生产需要拥抱农业现代化的浪潮，基层治理组织应该加强对农民的教育和培训工作，提升他们的素质和技能，使他们能够更好地适应现代农业生产的需要，包括农业技术、管理知识、市场营销等方面的培训，帮助农民提高生产效率和竞争力，同时要注重传统农耕文化的保护和传承。

四　结语

通过入户访问，我深入了解了云南农村社会的转型过程。在这个过程中，我看到了农业的现代化变革，社区生活的多样性，教育的挑战，民族文化的传承与变迁，以及生态环境的威胁。社会转型是一场无声的演变，每一位村民都是这场变革的见证者和参与者。我希望能以此文展现这个社会多维度、多层次的真实面貌，为云南农村的未来发展提供一份微薄的见解。这片土地的转型之路，是一部以人为本的史诗，而我们都是这个故事的参与者、见证者。

我作为一名公共管理专业的研究生，带着对边疆农村基层治理的探究心，走访了大理的剑川、昆明的寻甸这两个看似不同却又不乏关联的地方。这些地区不仅地理位置各异，社会结构、经济发展和文化背景也各有特色，它们是我理解边疆农村治理复杂性的窗口。

我的调查方式不局限于传统的问卷和观察，更多是通过深入的访谈，记录下那些鲜活的声音和真实的故事。我希望通过这种方式，能更加生动地还原村民们的生活状态，以及他们在基层治理中的角色和影响力。我体验到了传统文化的魅力和现代发展的碰撞；观察到了城乡差距在基层治理中的挑战与机遇；感受到了多元文化背景下的和谐与冲突。这些经历让我对边疆农村的基层治理有了更加深刻的认识，也让我对如何促进社区的可持续发展和社会公平公正有了更多的思考。

现在，我将这些故事和思考汇集成文，希望能够提供一个更全面的视角，去理解那些在田野中留下足迹的人们，以及他们在边疆农村治理中所展现出的智慧和力量。

区区几千字真的难以道尽这一路以来的心酸、喜悦、感动与温暖。

第二编　心灵之旅

——田野上的思考与成长

短暂的调查之旅

代 梦

如何理解和认识社会调查，短暂的调查过程没有给我清晰的答案。但是在这两次的调查参与中，我用双脚走过乡间田野，尽可能地与人们畅快交流，在一次次访谈中对当地人的生活有了一点点了解。走过的地方有相似性也有差异性，在这片土地上，勤勤恳恳生活的人们建立了自己的生活方式和文化。作为调查项目的访问员，在社会调查过程中，我们与当地人交流，用心用眼去感受环境，慢慢了解了当地人的生活和他们的思想文化。

一 意外之旅

2023年年初我参与了中国乡村社会大调查某一项目，调查了滇东南、滇西两个地区的农村，两个地区有着明显的差异。在当地，我看到了丰富多彩的民族文化以及边境地区人民与东南亚国家的交流。当时进行调查的时间是正月初八，在我的家乡，人们已经投入各种生产生活，而调查地点的街上大部分家户都关闭大门，他们的春节假期较长。当地人轻松悠闲，不紧不慢，一定要“玩”开心了才会慢慢回来做生意，他们注重节假日享受的“慢生活”态度给了我小小的“文化震撼”。除此以外，调查中遇到的差异性为我们的调查增加了难度，尤其是语言的交流困难。在当地生活的多是傣族和景颇族，上了年纪的人，说和听普通话的能力较低。所以，在访谈过程中必须有当地的村干部同行翻译，同行翻译虽然方便了我们的工作，但是影响了我们对真实信息的收集，语言不通以及“人生地不熟”耗费了大量的工作时间，最终工作效率并没有达到我的预期。

加入中国综合社会调查是一个偶然，当时导师转发了相关的信息并叮嘱了几句，我没有多加思考便抱着试一试的心态发了邮件，最后经过筛选成为调查团队的一员。在出发前进行了培训和练习，发现又是一次问卷调查。当我看到问卷手册时，已经有了放弃的念头。因为在中国乡村社会大调查过程中，我对问卷内容产生了疑问，对自己做的工作不满意。但是思虑再三，我还是坚持留了下来：因为，对我自己来说，时间较为空闲；母亲说，调查可以去多个地方，就当是旅游了；导师让我考虑在参与中我是否能找到有价值的事情。

这一次的中国综合社会调查与中国乡村社会大调查的安排不同。中国乡村社会大调查时，我们一组成员到一个县持续工作一段时间，而此次中国综合社会调查共有四个地点，所有成员一起完成一个地点的工作后赶往另一个地点。这样的分配方式增加了工作难度，每一个地点，我们需要在有限的时间内完成任务，然后赶路，对工作效率有一定的影响。除此以外，我认为数据的滞后与缺失更是对工作开展的一大阻碍。据了解，我们使用的样本数据是五年前的。五年间，不少人员迁移或逝世，足以让村镇改头换面。未更新的数据，让我们到实地以后多次落空。当我们拿着数据向村干部寻求帮助，村干部告诉我们名单上的大部分人都找不到，让我们想办法拿新的名单。类似的事情几乎每个调查地点都发生过，这也是访问员遇到的最大困难。社会调查有一套完整的程序和过程，一般包括确定调查课题，设计调查方案，收集资料，整理和分析资料，撰写调查研究报告。我们组成的调查团队到实地考察，属于收集资料的过程。但是这一环节并不是在场的访问员可以随心所欲的，访问员手上有完整的问卷材料，配置专业的设备，有详细的要求要遵守。问卷设计有其科学依据，具体操作有正规程序。在遇到样本有问题，需要重新获取样本时，就需要督导员提出申请，这个过程比较消耗时间。

云南的家户之间并不一定紧挨在一起，为了找样本，我相信组内的成员都用自己的双脚丈量了村庄，多次往返中已经可以在脑海中勾勒出村庄的面貌。参与这个调查实际上有些忐忑，没有队友，一个人单打独斗，每个人每天有一定的工作量要求。访问员自顾不暇，每个人的工作量必须自己完成，效率较低的可能到晚上八九点才能完成任务。自己一个人在陌生的地方，还要进入别人家里和对方交谈一个多小时，没有恐惧感是不可能的。不过经历了整个过程，还算幸运，遇到的被访者都热情朴实。再次感谢被访者，愿意放下手中的工作，与我们交谈一个小时、一个半小时甚至更长时间，感谢被访者对胆怯且没有调查经验的大学生的包容。本次调查整体的心路历程是复杂的，但稍微有所安慰的是这个短暂的旅程中我遇到了相处和谐的成员，大家互帮互助；在访问过程中遇到的被访者大部分是朴实的老百姓，对我们的访谈工作较为配合；即使途中有困难有矛盾，大家都认真把工作完成。调查之旅掺杂了不愉快，但在旅程结束那一刻都随之烟消云散。

二　看见差异

人类学研究关注差异性，到异文化世界中，以他者的眼光看世界。这次调查地点分属四个地区，算不上严格意义上的异世界，但是各个地区之间以及地区内部的经济、发展等方面存在明显的差距，但是我想以“差异”统称，这个词语显得温和一些。当我们从自己的生活世界来到不同的地方，只要存在与我们原本的生活不同的现象，我们都可以认为自己进入了“异世界”，可以试着以人类学眼光去调查研究。费孝通在随笔中写道，文化本来就是人群的生活方式，在什么环境里得到的生活，就会形成什么方式。中国人的生活是靠土地，传统的中国文化是土地里长出来的。要明白中国的传统文化，就得到乡下去看看那些大地的儿女们是怎样生活的。[①] 田野调查是人类学的经典研究方法，需要研究者到他

① 《脚步，是文化的刻度：费孝通文化随笔》，北京联合出版公司，2018，第187页。

者的世界，持续地同吃、同住、同劳动，才能进入另一个生活世界并以当地人的思想来阐释社会事实。我们的调查包括大理、昆明、昭通和玉溪的村镇，每个地方都有自己的特色，在这短暂的调查中遇到的人和事都给予了我们珍贵的感受和收获。

地区之间有不少的差异，最直观的就是地形和气候条件。当我们走进大理州，在车道两边是远处的高山以及缭绕的云雾，十分凉爽。周围高山环绕，中间是盆地坝子，除了密集的房屋，便是一片片绿油油的农作物。在我们的样本中，既有社区也有农村，社区在古城曲折的巷子中，农村则要经过数十里蜿蜒山路才能到达。在去昭通的路上，一路的风景让人震撼。靠近昭通，气温逐渐升高。虽然山坡在云南比较常见，但是昭通的高山与我家乡的高山不同。我们的车行走在公路上，公路在大山中弯弯绕绕，两旁巍峨的高山显得我们很渺小。通路过程中，不知开了多少座大山，也正是这些公路，才将昭通地区的人民和其他地区的人民联通起来。无法想象，没有路之前，这里的人们是怎么出行的，再一次赞叹我们国家的基建工程。调查结束一段时间以后，很多经历都忘记了，但是昭通的山和其他地区的山的差异，我一直印象深刻，威严的高山守护着当地人民。

在接下来的访谈中，我们根据问卷的内容、与被访者的交谈以及自己对当地的观察，可以看到地区内部在经济上的差异。以农村为例，经济的差异体现在土地上：地产多的，收入较为可观；地产少者，大部分外出打工以维持生计。某个村子家家户户修建的房子工整漂亮，是整个村子的门面，但并不是每一家人的经济情况都好。只有和他们交流过程中才能知道实情，有的人家因为修建房子而负债，又因为地比较少，只能维持基本生活。关于土地问题，我们到的几个地方，“森林防护、封山育林、退耕还林”工作做得比较好，禁止开荒伐木，这是利国利民的工程，但不可否认的现实是土地的减少。农村人的一切都是土地所孕育，土地就是他们所拥有的财富。

让我印象深刻的有两个村，都是脱贫村。第一个村位置偏僻，不少农户在院子里培育了重楼，询问得知在脱贫过程中家家户户都种重楼，并且当地有中药厂专收重楼。但是，慢慢地，很多人放弃了大规模种重楼，还是回归种植玉米、辣椒这些作物。在这个村子里，我没有看到多少年轻人，这是一个比较普遍的现象，仍然留在家乡经营土地的是中老年人。无独有偶，第二个村是一个美丽的示范村。这个村风景优美，气候宜人，交通便利，但是人不多。这里有草莓基地和蓝莓基地，外面的公司进来承包村民的土地，并将这个村打造成为“蓝莓乡”。一切都井井有条，但是这个产业发展似乎与当地人相隔离。青壮年仍然外出打工，老年人留在村子里面经营“美丽乡村”。村庄留不住人，没有人烟的村庄该何去何从，这是一个值得人思考的问题。

这两个村庄的共同点是地处偏远，发展困难，即便是道路修建完好，发展前景并不乐观。耕地少，缺乏水源，本质上，做农民“不赚钱”。在山地种植庄稼，水源供应困难，一切都要看天气的“眷顾”，但是气候变化越来越不稳定，充满不确定性。所以，村庄人口流动比较严重，年轻人都选择去外面打工。这样的现象在云南农村并不少见。访问员受过多年教育，有的来自大城市，来到调查的村子以后，才切身体会到差异。在调查过程中，会遇到各种各样的人，因为生活困难，身体有残疾却得不到相应的补助，向访问员寻求帮助；因为要花费时间来配合访问员工作，而向访问员提要求，询问配合访谈是否有利益。作为学生，作为访问员，在这样的调查中，在最基层看到生活百态，会产生巨大的落差感，同情心较强的人，会感到无奈，但我们能做到的是收集真实的资料。

以上是我从调查中了解到的地区内部的差异、地区之间的差异以及人与人之间的差异。接着简单说一下调查人员之间的差异。我们的成员来自不同的省份、不同的学校，包含本科生和研究生。每个成员的家庭环境有差异，在相处过程中，我发现每个人都有所擅长，有的人社交能力强，无论到哪里都可以和被访者侃侃而谈；有的人思维敏捷，在每一个地方都留下了诗一般的回忆；有的人见多识广，博览群书，能够将实践与理论相联系多加思考；也有人比较内向，独自处理工作比较吃力。尽管性格、能力不同，大家在整个调查过程中互相帮忙，克服重重困难，完成规定的工作。总之，这个队伍有很多优秀的人，也正是大家相互合作，才能把这个调查顺利地完成。

三　语言交流的力量

通过语言交流，我们可以表达自己的思想，不同的人之间能够进一步得到理解；通过提问和交流，人与人之间在对话中拉近距离，甚至进入对方的世界中。不可否认的是，语言交流是有力量的。我们通过语言交流去收集材料和数据，语言交流也是我们认识和理解社会的路径。交流是人和人增进认识和了解不可缺少的一步，试想一下，你和对方在一个相对轻松和谐的环境中进行交谈，喝着茶，你来我往，有时候聊得比较投机，还会有一种相见恨晚的感觉。这样的交流无疑是愉悦的，也方便双方相互交换信息。但是，不是所有的交流都是顺畅的，交流会因为语言不通、信息传达不够、理解能力有限等因素受到阻碍。

云南少数民族多，尤其有些偏远地区，上了一定的年纪的人只会讲民族语言，不会说也听不懂普通话。这是调查过程中最大的困难，语言互不相通造成交流障碍。人类学田野调查要求研究者在进入田野前必须学会当地的语言，这也是为了能够更好地融入当地生活，理解当地人的思想和行为。会说同一种语言，无形中会促成认同感，被研究者更容易放下戒备。但是，我们这次的社会调查因为时间、个人能力等诸多因素，无法理解当地少数民族语言，一部分当地人也不能明白普通话，如此，我们的调查工作偶尔也会遭受挫折，不被理解甚至引起误解。不过总体来说，调查工作进行得比较顺利，遇到的被访者大部分是朴实热情的老百姓。虽然有时候他们并不了解我们的工作，但是他们仍然热情地和我们交流，像是欢迎远方来的朋友一般，让我感受到了费孝通先生描写的“乡土性”。

再次回到语言交流的主题。我们的调查遇到语言不通的情况时，一般都是由村干部陪同翻译，村干部在翻译过程中偶尔会曲解我们的意思，有时候还会以我们听不懂的语言指导被访者如何回答问题。这样的情况不可避免，并且让我们的信息收集出现误差，社会调查无法保持客观性和真实性，这个问题让我对此类调查工作有了疑问。

让我心存疑问的还有问卷设计和操作方式。这样的定量调查要求访问员逐字逐句念题目和念答案，不可跳读题目，问卷有的内容有重复性，所以有时候被访者会问我们刚才不是已经问过了吗，烦琐的问题会造成被访者不耐烦，会出现拒访的情况，以至于前面的工作功亏一篑。在一些问卷问题难以理解、被访者已经出现不耐烦的情况下，就需要对其进行安抚，并努力对问题作出解释，甚至有时候我们需要转移注意力，以拉家常的谈话稳住被访者。问卷内容的设计总体上而言是科学的，但是部分操作不符合人情，这大概就是定性和定量调查的区别。

当然，有交流不畅的经历就会有交流顺畅的经历。在这里，我想描述两次比较有意思的经历。

第一次是在古城里，弯弯绕绕的小巷似是迷宫，寻找被访者不容易。那天的被访者是一位爷爷，我去他家时，他正一个人在家看电视，儿女们都出去打工了。起初，我有些害怕，毕竟一个人去别人家里问一堆问题，担心会不会被扫地出门。但是访谈过程意外地顺利，我们两个的交流一直很轻松。但是言归正传，我仍然要向对方解释调查的目的和调查意义，让他们了解我们的工作。

第二次是我访问的一位大叔，开始因为大叔外出干活儿了，没有找到人。后来因为下雨，大叔停止工作返回家里，我才得以进行调查。家里有人正在吃饭，大家相互说着家长里短，这对我来说实在是一个信息收集的绝佳场合。我和他们打完招呼，说明来意以后，很自然地就融入他们的交流。

根据问卷内容，将一些问题串联在一起询问，一方面询问过程自然且和谐，另一方面得到的信息比较真实。这一场访谈很快完成，但必须承认，我的操作不符合要求。但是，借这个例子，我想说明的是，要根据情境改变沟通方式。我们这次调查时间是夏季，村里的人早出晚归，有干不完的活计。有时候为了完成自己的工作还要和村干部沟通，将村民从地里叫回来。所以，在这有效的时间里如何高效率完成工作有赖于成功的交流。

这段谈话是我所有访问中最轻松的，甚至获得了额外信息。大叔一边和朋友喝酒，我一边和他们聊天，几个人一起说着笑着，就把需要了解的问题了解清楚。所以，相比机械地读题目，我比较适合在和被访者谈笑间获取信息。沟通交流是第一步。我们以轻松熟悉的问题开场，快速拉近与对方的距离，然后再慢慢进入其他的问题，这样才能增进对被访者的了解。

除了与村民的交流，还有和调查组成员的交流。在这个短暂的旅程中，我与其他人相处还算融洽，工作之余也能一起喝酒吃饭。以前的我不喜欢说话，更多时候保持沉默。但是在这个队伍里，在这项工作中必须说话，也需要自己主动。在各个小伙伴身上，我学习到了与人相处的方式以及学习思考的能力。总之，经历了这次调查与 2023 年年初的调查以后，我认为，我需要一些勇气，有些事情我完全可以做到，只是还需要再往前跨出一步。

针对语言交流，我想谈一谈我在访谈工作中的技巧。像中国综合社会调查这样的调查，对方法的设计要求严格。问卷设计涉及的内容丰富，所以按照问卷内容进行访谈时要花费的时间会比较长，尤其是最初几份问卷，访问员对问卷内容还不太熟悉。因此，作为访问员，最基本的一项工作就是熟悉问卷内容。尽可能记住问卷内容，前几次访问也许磕磕绊绊，但是后面会越来越熟练，直到最后，访谈内容已经烂熟于心。熟悉自己要访问的内容，在访谈过程中会更加从容，根据内容来调节自己的询问方式，尽量不要机械地读题目，这会让对方感到像在进行一场考试。

收集资料的过程一般是“定量+定性”，二者不可能完全分开。问卷设计、样本抽取严格按照定量方法进行，而访谈过程包含定性研究方法中的技巧。以我自己的调查经历来看，所要收集的资料中涉及经济内容，具体到个人、家人的收入支出，内敛的中国人很少会直接告知。我们访问了一位农村青年，坐在他家院子里面展开访谈。询问家庭年收入时，对方支支吾吾不愿意说。引路员在旁边悄悄说：“他们家年轻的在外面打工，老的在家种地。”根据这个信息分开问，年轻的在外面工作多长时间，月收入大概是多少，家里的收入根据田地的面积以及种植庄稼来计算，最后能得到一个大概数据。得到的数据不能保证完全准确，但是“在现场”可以观察其生活环境，还可以询问邻居对其验证。

访谈要注意分寸，敏感问题不可直白问，这会让双方都尴尬。从寻常问题入手，由浅入深，在来回的交流中拉近双方的距离。在访谈中，必要的自我披露是需要的。有的问题双方是有“共同话题”的，此时访问员可以先适当披露自己，让对方对自己有一些了解而不那么防备，以便于后续的询问。回顾自己的访谈过程，大部分有第三人在场，有时候是同行的访问员，有时候是当地的引路员。三人左右的访谈场合似乎会舒适一些，双方的紧张会削弱。语言交流的技巧有很多，但是无法照搬，在现场，更多的是考验访问员随机应变的能力。

四　结语

深入基层，可以看到社会最真实的一面，社会调查给了我们接近真实的机会，要想了解一个国家发展状况如何，不能放弃研究乡村。我们在学校学习了诸多理论知识，但知识是需要实践来检验的。尽管我们学习了很多的研究方法，但那也只是纸上谈兵，现实是复杂的，一板一眼地将书上学来的知识套用到现实中是行不通的，调查实践让我们体会到随机应变和懂得变通是多么重要。尤其像社会学、人类学专业，我们不能自己生活在什么样的世界就以为所有的世界都是这样的。我们一定要到田野进行深入访谈和调查，收集真实客观的资料，去看他者的世界，学习以他者的眼光看待自己的生活世界。“没有调查，就没有发言权”[①]，适用于每一个专业。实地调查是最接近研究对象的方式，如果不亲自来到这片土地上走一走，如何认识这片土地所孕育的文化。到研究地点走一趟，即便时间不长，去听当地人怎么说，去看当地人怎么做，在与当地人的交往过程中习得他们的逻辑，才能更深入地了解当地人的生活。

① 《毛泽东文集》第二卷，人民出版社，1993，第382页。

路

陈瑞雪

距调查结束已久，方才缓缓写下这篇心得，本应羞愧，这拖延症着实该治，细细思忖，早点写确实较为全面，但过阵子写，才是记忆深刻的感悟。调查半月余，尤记各种路。何谓路？从足，从各，道也，途也。道为脚下道，即道路；途为心中途，即途径。无论在什么地方，开展什么样的调查，调查者都不得不考虑进行调查的道路和途径问题，而在这次的中国综合社会调查（CGSS）云南项目中，由于时间短且任务重，更加凸显了这两方面的问题，因此，我主要想谈一谈调查过程中的“路”。

一 脚下之路

作为一名民族学专业背景的学生，对田野调查已不陌生，三次独自前往少数民族村落以及一次跟随云南民族大学第八届（2022 年）研究生暑期学校进行田野调查的经历，让我自认为能够对社会调查得心应手。但这次调查是我从未接触过的方式，与以往长期在一个调查点完成一个主题有所不同，在云南省的四个县随机抽样，再在每个县随机抽样四个村进行问卷调查，十几天的调查行程安排满满，这也将注定要走云南不同地方的道路，体验不同的社会风俗。此次项目的调查点大多是乡村或深山，没有一马平川的柏油马路，只有随处可见的泥泞与乱石，为了抵达，我们有时候要花费数十个小时，用上所有能利用的交通工具，还得拿着电脑和访谈手册以便记录资料，为了顺利完成调查，需要付出很多精力。

由于此次调查的时间较长，必须对各个地方的路线进行事先的准备，同时考虑可能出现的问题及应对办法，不至于猝不及防。为了提高入户调查的效果，在实施入户调查行动之前，我们会事先制订详细的调查计划，明确调查的目的、内容、时间和区域范围，同时也会告知村民调查的目的和工作人员的身份，让村民了解到调查的必要性和重要性，消除村民的疑虑和顾虑。在培训时，老师虽然已经教过我们很多突发情况和应对方案，但到达一个新的地方面对一个新的环境后，各种突发情况都有可能发生。经过两天的培训后，我们前往各个组田野调查的地点。虽然前期已经有了一个大概的预期，但当用导航搜出来需要几个小时的路程时，还是很惊讶。但不管怎样，我对我们将要去的调查地点还是满怀期待。很期待沿途的风景，毕竟这是在昆明市区见不到的，车开了好久还不到，我心里想好远啊，会不会我们去的地方很贫穷，我们住的地方是不是真的要打地铺，等等。

到达调查地点的方式取决于地理位置和调查的目的。通常，可以选择公共交通工具（如地铁、公交车）、自驾车或步行等方式。在选择交通工具时，需要考虑到调查的时间安排、调查对象的特点以及所需携带的调查工具和材料等，好在督导员和带队老师提前规划好并联系好了司机，让我们不用为这方面的问题感到发愁。不同的地方使用的交通工具可能不同，在调查的地方中有山区，我们必须徒步几个小时，很是艰辛，但途中有一群小伙伴陪伴，也有很多欢乐。有欢乐，当然也有难过，有一次调查中突然下起了雨，我们没有事先做好准备，只能淋着雨，先找避雨的地方，等雨小一点才得以继续推进，因为淋雨，有的小伙伴第二天感冒了，耽误了调查的进度，不过好在是轻微感冒，没有大碍。

古人云："读万卷书，行万里路。"只有亲自去实践，才会有自己的感触。虽然之前预想了好多种方式，也有一定的心理准备，但真正处于这个境地时，才会让人记忆深刻，还是有很多和预先想的有出入。入乡村调研，必须提前联系好当地村干部，并得到其帮助才能更好地开展调查。一方面，村里的路不好走，靠着地图也难以找到访户，村丁部和村民带队就能解决这样的问题；另一方面，有他们熟识的村干部和村民带着入户，村民也会较为容易对访问员产生信任，从而降低拒访率。不过，村干部的介入也有可能对整个调查产生一定的影响，但这些都是在可控范围内，我们也会尽量减少这种影响。

团队分工问题也是在去的路上应该考虑的问题。这样会方便开展调查，当然，我觉得还是要根据自己团队的特点来选择合适的分工，虽然我在开展调研工作前和各位访问员并不熟悉，不过好在大家基本都是来自云南各个大学的学生，年龄基本相仿，相处起来还是比较容易的，我们这组的督导员也有着丰富的调查经验和组织能力，能够及时处理突发状况。所以，后续的调查也开展得较为顺利。

在调查期间，令我印象深刻的道路有三条。第一条是在大理白族自治州剑川县，那是我们小组去的第一个村庄，访谈结束回村委会的路上，我迷了路，天色已晚，一时着急，看错了导航，一位好心的嬢嬢给我指了回去集合的路，但她说的是一条庄稼地里的小路，我在玉米地里艰难地行走，还摔了跤，回去时一身泥，狼狈不堪。第二条是在昭通市巧家县，山路崎岖，毗邻金沙江，风景虽好但令人生怕，在前往某一户人家进行调查的时候，坐着村民的摩托，飞驰在狭窄且两边无防护的土路上，眼睛都不敢睁开，现在回想起来仍觉得十分刺激。第三条是在玉溪市新平县，当时恰逢雨天，到处云雾缭绕，仿佛仙境一般，虽然村里的路很滑，但走在乡间小道上，别有一番心境。

二　心中之路

途径即方法。社会调查方法是人们在辩证唯物主义、历史唯物主义和科学方法论的指导下，吸取科学研究方法（包括自然科学和社会科学）的基础上，在长期的社会调查实践中逐步总结出来的一套认识和研究社会的方法体系。

社会调查可划分为普遍调查、抽样调查、典型调查和个案调查四种类型，社会调查的具体方法包括问卷法、访问法、观察法、实验法、文献法等。

农村社会调查方法的基本特点包括以下几个方面：第一，农村社会调查方法使用范围的区域性。第二，农村社会调查的艰巨性。首先，农村社会调查的艰巨性突出表现在农村社会的分散性；其次，农民文化程度低下，给农村社会调查工作带来了困难；最后，农村统计资料工作的薄弱性。第三，农村社会调查的季节性。农村社会调查的实施主要包括两个方面：一是在调查前做好准备工作；二是根据调查课题的内容和所需要的时间统筹考虑，把整个调查问卷分成若干个部分，然后结合农村的季节性特点，分期分批地调查，把个别访谈、开调查会、直接观察等调查尽可能地放在农闲季节。

社会调查的开展需要制订详细的调查计划和方法。在开展调查时，需要保护调查对象的隐私权，并遵守学术伦理。同时，合理选择样本、采取科学的数据分析方法，以确保调查结果的准确性和可靠性。常用的调查方法包括问卷调查法、文献研究法、网络调查法等。

我们此次以访谈和问卷调查为主，通过当地村干部带着调查，省去很多麻烦，也让群众更加信服和配合我们，拒访率较低，这次问卷的题目数量比较多，完成一份问卷需要花费一个多小时的时间。七八月份正好是农民农忙的关键时期，存在名单里不少访户白天不在家的情况。

乡村振兴关键在人。我们在调查中发现很多建设得很美、很有特色的村庄，他们从党员干部带头干、帮着干，到自己愿意干、主动干，村子由内而外产生了很大变化，乡村振兴的内生动力真的被调动起来了。

在入户调查之前，我们团队成员会事先做好被拒访、不配合或被中途拒访的心理准备。根据以往我在安徽社会调查的经验，农村社区中青年男女都外出打工挣钱，小孩也处于上学阶段，家中就剩下中老年人，他们对于陌生人有一定的抵触情绪，因此拒访的情况还是有的，即使是有社区工作人员和社工带着我们去，仍然有可能被拒。相较于老人，年轻人可能更为警觉，年轻人在家时，拒访率也可能会更高。因此，有效地与村民和村干部进行交流显得尤为重要，这种沟通交流需要一定的技巧和策略，通过明确目标与需求、建立信任与尊重、详细说明计划、开放式沟通、寻求妥协与合作、制订行动计划以及持续跟进与反馈等多方面的努力，才能够建立良好的人际关系，并以此获得更多的支持和资源，这样才能够推动项目的成功实施。

大部分的访户很友好，乐于配合，访问员进到家中后甚是热情，不仅招呼访问员赶紧坐下，并且为访问员倒上水，一阵寒暄，到了饭点还会热情招呼访问员留下吃饭。由于我们在前期培训时明确要求不能留在访户家吃饭，所以大家都没有留下吃饭的情况。

调查过程中，我发现我们的前辈们都认识到了教育的重要性。虽然很多爷爷奶奶没有读过书，但他们从认识的那些读书的朋友的发展状况也看到了教育的重要性，所以非常希望下一代、下两代能够好好读书。调查过程中我们还发现，现在农村基本没有不让孩子读书，特别是不让女孩子读书的情况，可以说绝大部分农村家庭供给孩子读书的环境是相当宽松的，但有部分家庭的孩子不想读书。农村家庭中如果有孩子，主要支出便是在教育方面，大部分家庭的纯收入刚好够教育的支出；农村的教育资源及质量相较于城市而言还存在明显的不足，部分孩子读不起好的学校，而读过书最后辍学的孩子认为差一点的学校学不到什么东西，认为读书不如打工。面对这些问题，除了向社会呼吁，很多方面我们是无能为力的，但作为大学生，就教师断档这个问题，我们可以在各地了解情况后，通过志愿者协会等学生组织，展开定期的支教活动。经过几天的社会调查，我们的脸和脖子被晒黑了，有些甚至脱皮了，但我们没有一人抱怨或说累了。遇到实际问题时，有时候挖空脑袋也找不到答案。我经常感到尴尬，也总是在这个时候，我才真正意识到我的知识是如此有限。虽然我遇到过很多以前没见过的问题，也有很多无法当场解决的问题，经常感到无助和尴尬，但有一个团结向上的团队，所有的问题都不是问题。可以说，很多人在一起做事更容易。在一起的时间里，难免会有一些摩擦，偶尔也会有一些争执，但大家都相互理解，最终达成一致。半个月的暑期社会实践就这样结束了。

三　总结

虽然社会调查的很多地方确实有如画般的美景，但衣食住行等条件比较艰苦。深入乡村做调查，方圆十里之内未必有酒店、旅舍。更多时候，为了能真实捕捉到村民的生活动态，我们通常会借住在村民家里，并且长期无法洗澡。虽说乡村有最地道的当地美食，随处可见新鲜有机的蔬果，但作为初到此地的人，还是有很多不能适应的地方，会有水土不服的时候。因此，在调查的过程不仅要注意调查的质量，也要注意自己及团队中的小伙伴的身体健康。这次社会调查时间不是很长，却让我学习到了不少调研和实践的经验，提高了社会实践能力，引导我了解社会并增强自身社会责任感和社会适应能力，也深刻体会到此次调查的不易，我非常珍惜这样的机会。“纸上得来终觉浅，绝知此事要躬行。”我深深地感到自己所学知识的肤浅和在实际运用中专业知识的匮乏，刚开始的一段时间里，对有些工作感到无从下手，茫然不知所措，这让我感到非常难过，在学校总以为自己学得不错，一旦接触到实际，才发现自己知道的是多么少，这时才真正领悟到“学无止境”的含义。此次社会调查不仅丰富了我的人生体验、结识了不同地方的朋友，也更让我明白了学以致用的重要性，在未来的学习和工作中，我将继续保持这种学习和实践的态度，为社会研究贡献自己的力量。

青山隐隐水迢迢

杜雨霏

朝阳升起时，霞光万道，夜幕降临时，星光璀璨，早出晚归便是我们调查时日复一日的生活。当受访者的身影重现脑海，当字字句句涌上心头时，回忆就如同云南的雨倾盆而至。调研中，令我印象深刻的不仅是受访者的生活，更有比较之下方方面面的差距和不同。我想将零零散散的记忆变成故事，更想将调研的精神刻成风骨。

一　缘起

这是我第一次参加大型的社会调查。习近平总书记指出：“调查研究，是对客观实际情况的调查了解和分析研究，目的是把事情的真相和全貌调查清楚，把问题的本质和规律把握准确，把解决问题的思路和对策研究透彻。”[1]深入实际、走进群众，了解人民群众的真实需要，解决人民群众急难愁盼的问题，提升人民的幸福感和获得感，便是我最初对社会调查的印象。近年来，有关乡村振兴的成功经验走入千家万户的视线中，因地制宜发展特色产业，建设美丽乡村生态环境，普及落实义务教育，改变村民“等靠要”思想，实现集思广益的村民自治，这些都曾深深触动着我。“纸上得来终觉浅，绝知此事要躬行”，正因此，我报名参加了此次社会调查。

我研究生所学专业是公共管理，更应培养问题意识，思考如何解决社会问题，政府应该如何更好地发挥作用。我希望我的科研之路从云南乡村开始，真正关注人民生活，从实际出发、实事求是，讲好中国故事，把论文写在中国的大地上。

以往每次去农村基本都是走马观花，停留的时间不长，不曾深入了解过农民的生活，只记得他们脸上朴实热情的笑容。所以，我报名参加此次社会调查，想在和村民面对面访谈中体验真实的乡村生活，了解农民的日常生活和生计。在我以往见到的不同地域的农村中，浙江的农村发展得相当好，得益于习近平总书记在浙江工作时谋划、推动的“千万工程”，如今，浙江的乡村已然成为一幅新时代的“富春山居图”。优美干净的村居环境令人心向往之，每次到乡下去再也不是“过苦日子”，真正实现“远离城市喧嚣，亲近自然、放松身心”。北方农村曾经艰苦的条件则在我的印象中停留了很久。临行前，对于在云南乡村未来一个月的生活，只觉得“任重道远”，注意力基本都在怎样能保质保量地完

① 习近平：《谈谈调查研究》，《学习时报》2011 年 11 月 21 日，第 1 版。

成调研任务，而艰苦这两个字也许本来就在我的设想之内。

二　入村的路

我们去的村落大多在山里依山势而建。村干部带着我们一家一户地寻访，他们既熟悉地形又熟悉村民，不然靠我们看着一堆相似的名字和缩小版的手绘地图，寻找目标样本就是很大的困难。寻访时经常会遇到访户家中无人的情况，举家搬迁、外出打工或者去种地很晚才回来，但抽样名单上的访户是都要找到的，只有找过了确认没人或者查无此地，才能上报申请换新的名单。上关甸有家目标访户正好建在另一户的房顶之上，要从别人房顶旁边窄窄的围墙走过去，我走在围墙边，非常惶恐，即使这样，我们也必须走过去，确定访户家里是否有人。

通常，一个村委会下面有几个村子，有的村在名单上看着是一个地方的，其实离得很远。新平那边有个村委里有大包包和小包包，大包包在山顶，小包包则在另一座山的山脚，村干部带着我们开车过去也要开一会的。然而，这些难走的山路却是村民们每天回家的路，我们所体验的“新鲜感”在他们的日常生活中早已走过千万遍。

三　从熟悉到信任

在费孝通先生的《乡土中国》中，中国的农民聚村而居，生活中被土地所囿住的乡民平素所接触的都是身边熟悉的人，乡土社会中的法律无从发生，而是从熟悉到信任，信用是发生于对行为规矩熟悉到不假思索时的可靠性。[①]由于熟悉而信任在我所访问的村民中体现得淋漓尽致。村民们最信任的是他周围知根知底、“最熟悉”的邻居，他们住在一起、长在一起甚至吃喝都在一起，聊天、串门已成为他们生活的一部分。

一次，我跟着村干部去找一个村民，在路边坐着一群大叔大娘，一听到这个人的名字，能知道他现在在哪，“刚才在地里呢，这会应该往家里去了，那，往那边走。”还有一次是我自己去找一户村干部早晨带我去过的一家，因为早晨碰见那户村民正要出门办事，所以晚上再来访。但那天下午有些晚了，带我的村干部暂时在另一个村里过不来，据村民的消息，那个村民已经回家了，为了节约时间，我就自己过去。村子里弯弯绕绕，我根本不记得路，但我碰到了我早晨访问过的大姐，大姐问了我户主姓名就一路带着我过去。由于那户人家的院子比较大，大门离主屋的距离比较远，我站在门口看不见主人，大姐一边叫我进去，一边自己走进去开始拔地里的菜。我想着没有得到主人的许可，就一直在门口等着，等了许久，我还是选择进去打个招呼，进去时我看见那个大姐还在院中的地里拔菜，而这户的主人依旧没有现身，我沿着屋子去找，才发现他们在厨房里烧火，他们也并没有在意我的冒昧，后来大姐是什么时候走的，我也不知道。在他们的生活里，四邻是他们亲近的人，对于他们经年

① 《费孝通全集》第六卷，内蒙古人民出版社，2009，第108—113页。

累月看在眼里的人，他们是相信的。

村民最不信任的就是“陌生人”。一提到“陌生人”，基本是一致地、斩钉截铁地快速反应，有村民立刻站起来摆手：“那不行，陌生人？不信！网友？咿！那更不信！”我们对于他们应该也算是“陌生人”了，但我们是由村干部带着去的，在一定程度上也建起一种短暂而简易的相信，至少他们愿意和我们聊天、和我们分享。这和城市里的人很不一样，城市人的警惕心很高，对于说出口的话尤其谨慎，再加上城市的生活节奏快，竞争强压力大，城市人很不愿意和一个刚见面的“陌生人”说些什么，“别人家的事，你瞎打听什么？”人和人之间、家和家之间的边界感都很强。

在我的访户里，有一家就很符合“外乡人”的特征，他们讲着比方言更容易听懂的话，在白族人聚居的地方尤为明显。他们一家是这里的租户，社区大姐不认识人只认识地址，在社区大姐的介绍下，他们才勉强让我进了屋，但在之后的 10 多分钟里一直是拒访的态度，以“没有时间”“听不懂”等来回避问题。

在费孝通先生的“差序格局”中，人与人所联系成的社会就像水的波纹一般，一圈圈推出去，愈推愈远，愈推愈薄，社会关系是逐渐从一个一个人推出去的，是私人联系的增加，社会范围是一根根私人联系所构成的网络。① 村民们年轻时，去外地做工，基本都是“熟人”介绍去的，出门办事也觉得有“熟人”比较放心和踏实。不签劳动合同，也不

① 《费孝通全集》第六卷，内蒙古人民出版社，2009，第 126—129 页。

知道老板是谁，“村里有人叫着去帮忙，就跟上去”。“去那么远的地方，你不担心被骗吗？”“那不会的，从来没有过，放心着呢。”村民的脸上藏不住心事，认准值得信任的人，信任他长年累月积攒下来的口碑和印象，再由这个人把他带入更大的社会圈层。

四　生计

村民外出打工都是零工、散工，我问到的人都是在做建筑工，多半是搭架子、和水泥和砌墙，没有进工厂打工的。留在村子里的人以 50 岁以上的中老年人、妇女和小孩居多，他们的工作就是种地和照顾小孩，农作物基本是洋芋、玉米和白芸豆。家家户户基本上都有自己的地，而且是自己种自己的地，收入中主要是土地收入，未曾听闻有地荒和土地流转的事情，也没有听闻做传统的家庭手工。“会不会编竹筐这些？”“以前应该是会，但现在很久没有编了。”有一个村民会做一些木工，但是零零散散都是给家里用的，不是拿出去卖钱的。他们对做生意不怎么感兴趣，做生意的人也少，因而城乡之间的路也显得格外漫长和萧条。

云南的很多村落大多不是靠产业而是靠旅游业致富，像大理附近靠近文化古城的村镇生活就相对富足，而在大山深处的村落就只能是靠地吃饭。最近火起来的“小渔村”位于昆明晋宁区的牛恋村，也是依托滇池生态资源与旅游公司合作开发的度假村。虽然“小渔村”是源于滇池生态保护，禁渔禁农使得村民没有生计才开发的文旅融合的发展模式，但旅游业有旺季和淡季，而且受到游客流量的影响，收益起伏较大，如果没有相对稳定的收入做支撑，收益难以保障，就会直接影响生活质量，如何让生产、生活、生态融合发展是“小渔村”后续发展应当思考的问题。由于当地村民缺乏生意头脑，村民在“小渔村”发展中的参与度不高，“小渔村”周边依旧很萧条，“小渔村”更像是在周围一众农村中拔地而起的一个“公园”，村民们难以依托“小渔村”品牌走上自己的致富路。后来在昆明，我遇到一家人是从大理东山搬过来照顾小孩的，老两口一直说自己没有本地户口，从不敢和居委会打交道，也不敢尝试接受本地公共服务，难以融入本地生活。习近平总书记强调，全面建设社会主义现代化国家，实现中华民族伟大复兴，最艰巨最繁重的任务依然在农村，最广泛最深厚的基础依然在农村。[①] 如何发展乡村特色产业，拓宽农民增收致富的渠道，增强农民内生发展动力，建设宜居宜业和美乡村，在云南广大农村依然是需要思考和解决的问题。

五　对话与沟通

虽然村民们愿意配合我们完成问卷，但是语言不通和文化程度低是其中最大的障碍。我刚到云南，对这边的方言很不熟悉，有时候听不懂他们讲话。这样就很难从语言上与他

① 习近平：《高举中国特色社会主义伟大旗帜　为全面建设社会主义现代化国家而团结奋斗——在中国共产党第二十次全国代表大会上的报告》，人民出版社，2022，第 31—32 页。

们建立“熟悉感”，缺少打开他们“记忆匣子”的钥匙，之后的调研也是如此，讲普通话他们会感到“拘谨”，但是只要开口说方言，你就变成了“自己人”，相互之间便可天南地北地畅谈起来。因而，相比于同行的本地同学，我在访问时聆听的故事就少一些。

村民们大多是小学、初中文化，还有很多是读到一半没有读完，对问卷中的一些“专有名词”不能理解，需要转化成他们的“日常用语”，他们才有东西可讲。比如问到“您个人去年全年的总收入是多少”时，他们会把妻子、子女的收入一起算上，等后面问到具体工作内容和妻子的收入时，才会发现他们是一起干活的，收入没有分开。有个大叔家里是卖猪的，一家四口全在卖猪，他会认为卖猪的“总收入”就是他或者老婆“一个人的收入”。村民们凭自己的经验生活，世世代代如此，他们所能理解的都只有生活中能实实在在接触到的。

问卷中“民主”“民主集中制”“阶层认同”这些蕴含丰富内容的词语对受访者而言，很难理解。有一位大叔认真地听我的问题，但很多问题问完之后，大叔就沉默了，我看得出他在思考，我俩蹲在洗衣机前面的屋檐下，他看着天空，我看着他，一般持续三五分钟起步。其实就是我们的聊天并不“同频”，村民们每天的生活很忙碌，忙着种地、忙着养猪、忙着家里的杂活，大部分村民的一辈子都是这样，无论年纪多大，要一直干到干不动了为止。太多的体力劳动占据了他们大量的精神和力气，他们只关心现实的生活和当前遇到的困难。所谓“民有所呼，我有所应”，坚持“从群众中来，到群众中去”的工作方法绝不只是“到民间走走”这么简单，让农民表达自己的心声，就需要走到农民的生活中，熟悉他的日常，成为和他“同频”的人。

六 数字时代下的他们

村民的娱乐方式还是以线下的吃饭聚会为主，与受教育程度有关，村民们基本不看报纸和书籍。按理说网络会在精神上缩短空间上的距离，减小认知差距，但是很大一部分村民都不会用智能手机，包括村里的一些青年人都把智能机当作“老年机”在用。数字化发展的一大问题就是它不会自动地惠及所有的民众，没有惠及的民众会被“自动地”遗落，甚至他们某一天为了做成某件事情需要人工跑完“数字化”已经完成的路。

对于政治相关的问题，他们一般会给出一些他们感觉上是正确和正向的答案，其实他们并不能明白这个问题具体的含义，提到政府时，一位大爷脸上洋溢着笑容，竖起大拇指：“共产党好，我们都听共产党的。”关心时政和新闻的人，谈吐能跟上时代发展的脚步。有个爷爷很关心政策发展，每天看新闻，对于社会公平的问题，他缓缓道来：“国家的政策是好的，可能存在执行方式不太合理、落实不到位的情况，但不能由此说政策不公平、社会不公平。”像这位爷爷提到的“执行方式不太合理”，不但推行不下去，还会损伤人民群众的利益，更与政策的初衷背道而驰。燕继荣教授指出，治理是对行为者行为的约束和限制，国家治理能力体现在政府和公共权力机构等对一切相对行为的规制和管控能力，制度需要人来执行才能转化为现实的绩效，人的执行能力也决定着制度的绩效水平。[①]现实中的矛盾是复杂的，冲突是多方的，如何平衡多方利益，巧妙化解推行阻碍，需要治理智慧，此时“灵活执行”就显得尤为重要，既要理解政策的本质，不产生执行偏差，又要从实际出发，具体问题具体分析，把人民的问题当成自己的问题去解决，才能将制度优势转化为治理效能。

七　活在当下

村民的观念随着时代发展而改变。首先是生育观念，经历了“一家只生一个好”到“二孩”再到如今“三孩”的政策变迁，农村再也不是“孩子多到满地跑”了，即使没有政策约束，他们普遍坦言：“现在这样（两到三个孩子）就挺好的。”“现在房价贵、什么都贵，生那么多，养不起喽。”“一儿一女就挺好的，我喜欢女儿。”

对于生活状况的评价，一般情况下，村民们给以前的生活状态打分最低，因为小时候的生活条件差，现在的生活，打分比以前稍微高点，而对于未来，村民们的回答是不同的。有些村民比较乐观，认为生活会越来越好；而有些村民则认为以后只会和现在差不多，不期待未来的改变。印象深刻的是，有村民给自己的未来打了比现在更低的分，他说，十年后不再继续劳作的生活，没有现在的生活有意义、有价值。

① 燕继荣：《制度、政策与效能：国家治理探源——兼论中国制度优势及效能转化》，《政治学研究》2020 年第 2 期，第 2—13、124 页。

八　男人和女人

对于夫妻关系和家庭关系，以父子关系为主轴、夫妻关系为配轴的“家三角”[①]特征有所改善，夫妻之间也从“合作”渐渐走向“情感”。“妻”的角色在变化，女性的角色也在变化。访谈中，有个大叔的“大男子主义”思想比较重，他依然坚持认为“男性的能力天生就比女性强”，“女性干得好不如嫁得好”。而我大部分的男性受访者对此都不认可，他们在家庭中的角色从“爷爷”、“爸爸”、“丈夫”到“哥哥”均有。谈起自己的老婆，有位大叔笑着说：“家务活，一起干嘛，没有谁干得多谁干得少，谁有空谁干呗。”“我老婆就比我强”，“一般我都听我老婆的”，“也不是说都听谁的，谁说的有道理，就听谁的”。还有位“爸爸”讲：“嫁人还是干事业，那要听她自己的，嫁人也不是说以后就会过得好，现在有些女人干事业也很强的，女人有自己的事业，了不起。”年近90岁的爷爷看着孙女也是满脸的疼爱，爷爷不怎么会讲话，皮肤上布满了岁月的沧桑，孙女在逗猫，爷爷抱着孙女，孙女抱着猫，这也许是他每日种地回家后平静的快乐。还有一对中年夫妻是一起接受采访的，抽样抽到了男人，后来夫妻俩就一起听着。轻松快乐的氛围就好像是镜头下“别人羡慕的婚姻”，在回答问题时不免陷入思考和回忆，回忆时他们就互相看着一

① 《费孝通全集》第六卷，内蒙古人民出版社，2009，第137—142页。

起笑，不像经过了多少年“柴米油盐酱醋茶”的鸡毛蒜皮，而是“初见不久”的恋爱状态。“这座房子的产权是属于谁？”女人说：“他的，他的房子。”男人低头笑了笑：“我老婆的，我是来给我老婆干活的。”

令我欣慰的是大环境下社会对于女性看法的改变，但令我费解的也恰恰是“村子里的女性”。年老的女性所经历的传统观念太过深刻，现在不过是曾经的延续而已。她们沉默寡言，表达能力很差，常常“一问三不知”。有位大娘落入了问卷设计的“逻辑陷阱”里，暴露了她还有一个女儿的事实，虽然已经分家，这种确实不算在“家里有几口人”中，但她却不愿意承认。“您有几个孩子？”“两个儿子。”后面透露她还有一个女儿时，她说：“这个不要写进去了。”中年以及30多岁的女人则“安于现状”，她们以前有去外地做过零工，有在地里干活，现在基本都在家里专职带孩子和料理家务。也许和文化程度有关，她们反倒最认可“男性的能力天生就比女性强”“女性干得好不如嫁得好”这类说法。她们非常没有安全感、警惕性高，有的坚持要等她丈夫或者爸爸回来再接受访问。她们认为，自己只需要照顾好孩子，打理好家务就行，外出打工挣钱的事应该交给男人去做。即使环境有所改变，但她们自己的“女性意识”尚未觉醒，像是给自己画了一个圈，并且坚定地、自觉地将自己“囚”在里面，这也许是真实生活告诉她们的答案，抑或是口口相传的刻板印象，人在环境中生存，最稳妥和最准确的方式就是接受当下的一切。不是没有期待，而是人总要主动适应环境。

九 今天和明天

城与乡之间有差距，乡与乡之间有差距，人与人之间也有差距。有的人家宽敞明亮，有的人家苍蝇满头绕，有的人家装修新房，墙上画着艺术画，有的人家用土做墙，院里养着一群猪。各家生活过得怎么样，“如人饮水，冷暖自知”。

有位大伯是退伍军人，以前在城里当过公务员，退休以后把房子留给子女，回到农村和老伴一起生活，现在住的房子是老伴的。可以说他兼具城里人和乡下人的身份，但他在乡下的生活也并非享清福，完完全全是一个庄稼人的普通生活，他的腿伤是年少参军时留下的印记，即使要拄拐杖，他也要每天去种地。他说：“现在农民的生活可好了，和二十年前比，变化最大的就是农民。农民有地，农民的收入不比公务员差。”他的回答在访户里十分罕见，但他是有退休工资的。我喜欢和他聊天，他总能带给我不一样的感受。

在另一个村里，我遇到了一位中年大叔，到他家的路要走一段长满青苔的陡峭斜坡。他家没有很大，有两个小孩要养。他说自己没有地，但是有五十头猪。最近猪肉的价格不好，还一直跌，去年都亏本了，小孩读书要和村里的信用社借钱。“那你剩下的这些猪怎么办呢？如果价格一直这样。”“那没办法，养着吧。”说罢，他起身就去给猪找饲料。

生活总是可以把不同样貌的人变成差不多的表情，小河塘有个访户骑摩托车呼啸而来，在谈起生活时点起了烟，烟雾缭绕中，他对着阳光微微眯起了眼，他坦言，自己的生活比周围人都要差一些。

金所乡那边有一个奶奶，她家是老式的蓝色大铁门，我们就蹲在厨房里访谈。厨房里的柜子是那种用了很多年很多年的木柜，有些歪斜，锅碗瓢盆是干净的，但是总感觉里面亮亮地浸着油。访问时后面的柜子里总是有“咚咚咚”的声音，我听见了，是只很肥很胖的老鼠在挠门。

者竜乡有一位大叔，我们是在草棚里访问的。见面时先递给我的同伴一根烟，我的同伴年纪小，不会抽烟，但是出于礼貌就一直拿着。大叔悠然自得，漫不经心地回答着问题，他整个人高高瘦瘦，身体是土的颜色，和草棚融为一体。访问时不知道为什么苍蝇越来越多，大叔给我们每人倒了一杯茶，访问结束时，杯口已经落满了苍蝇。大叔仿若与自然共生，毫不在意地挥了挥手赶开。

经过半生的辛苦劳作，大部分的村民到了中老年，都有腰痛、腿疼的毛病，到了雨天感觉更是明显。“腰疼、腿疼的时候就不开心喽。”他们看着饱经风霜，谈起往事却像在说别人的事情。岁月在身体上刻下伤痕，心却依然白璧无瑕，明天的生活还是要继续，在平凡的生活中寻找到快乐时，眼中依然有光亮。我看到他们，也尊重他们，我们没有权利去评价他们的生活方式，只希望他们都能在生活中找到安置自己的方式。

山河万里，我想也许有一天我还会再回到这里；然而山高水长，城乡之间很远，没有熟悉的人引路，即使想去，也很难到达。而城乡之间的差距就如同来时的路，崎岖而漫长，一座山就是一座城，山外还连着山，要走多远，才能走出大山。他们出来难，我们进去也难。

十　尾声

体验过访户拒访后在雨中街头流浪，也体验过想要增加问卷数量时的决心，我在调研中累积的方法和经验，总结起来有以下几点。首先是要有良好的心态，遇到问题不要害怕，相信老师，相信队友，积极面对，总能找到解决的方法，困难总会过去。其次是关于“位置”。第一是访户地址比较难找，带路的村干部要同时负责好几个访问员，所以到达一户时就应当记录门牌号、拍下照片并发送定位给自己，以备有重访、回访的需要。第二是要及时向老师和督导员汇报自己的位置。能吃苦是每个访问员的工作本色，但是在完成任务时也要保障自己的安全。平常没有访问任务时，对于不熟悉的陌生环境最好不要单独行动，外出要报备。此次为期 12 天的调研经历，我收获了与人交谈的方式，也为我往后的调查打下了基础。走到哪里，我都想去了解现象背后的本质，事情的来龙去脉；这里的人是怎么生活的，和之前那些比较又有哪些不同。我不在意是否耗时，只想着何时能找到答案。

调研中的同伴都很优秀，相较于生活中的朋友，我对于他们的感情更为纯粹和深厚，即使很长时间不见，心中的亲切和熟悉感依然不曾衰减。也许是因为一起吃过饭，睡过同个房间；访过同一个人，唱过同一首歌。山里颠簸时有他们，回去天黑时也有他们；在村委会前的石阶上一起看天空，在落满阳光的金沙江前合影。无惧风雨，罗老师一直和我们在一起，等着最后一个同学访问完，一起回“家”。

调研时的“苦中作乐”一直是我心中克服困难的力量，提醒我不要沉沦在逆境之中。我喜欢这样一直走在山路上，在大地上前行的踏实感。我永远记得：山路再漫长，也有回肠荡气的歌声；夜晚再黑，也总有漫天闪烁的星辰。

在盛夏的田野中成长

普焕莲

2023 年年初，我有幸参与了云南大学进行的中国乡村社会大调查，遇到了超级负责任的谷老师和很多优秀的学哥学姐，在被誉为“水果之乡”的大理宾川进行了为期半个月的调查，对社会调查实践有了初步认识。结合目前的民族学专业知识学习和调查实践，我理解的社会调查就是去不同的地方，了解人们的生活方式和特色文化，了解人们面临的问题和想法，社会调查是一个发现问题、寻找方法进而形成有助于促进社会发展的对策建议的过程。

作为民族学专业的学生，我对田野调查有着浓厚的兴趣，通过向当地人、向同行的老师和同学们学习，去实践和验证所学的知识，无论实践的内容与学习的知识是否相符，都会有所收获。参加此次中国综合社会调查（CGSS）的原因之一是选定的调查点极具少数民族特色，不同的社会生活方式吸引着我。

我的导师经常说："人生的每一步路都算数！"所以，我总是欢喜于我走过一些路，看过一些风景，热烈地在路上试错、反思，然后成长。这次的社会调查，我跟着罗老师和学哥学姐走了很长的路，听到了很多故事，有了很多反思和成长……

一　保持积极主动的心态

我应该报名吗？报名了没被录取怎么办？

在学习生活中遭遇挫折和逆境时，我习惯性地采取回避性的心理调节机制和退缩性的行为调整策略，相比于尽力而为，我更倾向于量力而行。因为觉得自己的组织能力不行，所以在被推荐为班长候选人的时候选择弃权；因为担心自己的英语水平听不懂外语授课，所以错失去泰国暑期学校交流学习的机会；因为此次调查访问员的招募人数少但报名的同学多且都是有着优秀履历的研究生学哥学姐，所以一开始我有些退缩。

得知可以参与调查的时候很惊喜，也有慌张。我们有两天的培训时间，作为民族学专业的学生，我对培训内容并不陌生，培训的主要内容是地址抽样和问卷调查。培训时间很紧凑，且需要每天跨校区培训，考核的成绩也不够理想，加上期末考试还没有结束，培训期间感受不算良好，但是很充实。都说好朋友是枯燥生活的一剂良药，我的一个舍友在我到呈贡校区培训期间，每天都会发几遍消息说快饿扁了，但是再晚也会等我一起吃饭，也会认真倾听我的烦恼和焦虑。

带队的罗老师也和蔼可亲，平易近人，他的学生在他面前都表现得自信、快乐。

由于调查点之间距离较远，我平时会有晕车的情况，所以害怕影响任务进度，但路途是温暖的。第一天由于导航出现失误，我的两个伙伴都觉得我是路痴，会时刻搜寻我的踪迹，确保我没跟丢。就我们的调查点来说，每两个调查点之间的行程通常需要一天时间，我们背着书包，拉着行李，然后搭乘高铁、地铁、客车、计程车驶于铁路、公路、隧道……我不止一次和同行的伙伴表达过我对云南基础设施建设的惊叹，这里的道路建设可谓破山劈峭，淌河跨江。云南地处云贵高原，属于山地高原地区，地形地质复杂，在道路建设中面临一个又一个“硬骨头”，施工难度大，工期长。习近平总书记多次考察云南并发表重要讲话，党中央高度重视云南基础设施的建设，不断推进建设成果更多更公平惠及各族人民。①

我是喜欢交朋友的，时常因从朋友那里学到东西而沾沾自喜，但是又因为对友谊的期待极高，所以总是显得不够主动。第一天早上，集合等车的时间里，同行的伙伴站在一起聊天，像认识很久的朋友，而我只是期盼着早些出发。因为害怕处理不好相处中产生的麻烦，所以总是标榜自己是“社恐”，但是，我又始终坚信三人行必有我师，所以总是贪婪地向别人学习，在集体生活中逐渐变得“社牛”且热情。这次调查，我遇到了很多优秀且可爱的人，他们在很多事情上都给了我建议，我也从他们身上学到了很多，他们温柔且稳

① 《云南省推进新型基础设施建设实施方案（2020—2022年）》，《云南日报》2020年8月4日，第2版。

定，我想这就是内在自信的外显。“没有人是一座孤岛”，在学习生活中，我们不可避免地与他人产生交集，应该主动去了解别人，向优秀的人学习。

二 理解访问员身份的内涵

我们是谁？我们的任务是什么？

社会调查是向当地人学习的过程，当地人是我们的老师。完成问卷是我们的任务，接受访问却不是他们的义务。

一个地区或民族的习俗、信仰、历史、风土人情、生活方式都包含于复杂整体的文化之内。[①]我们第一站到达大理剑川，古城路面的积水倒映着昏黄的灯光，石砖路旁的塑像诉说着久远的历史，拱形桥下的溪流潺潺流向小巷的尽头，颇有“小桥流水人家”的意境。

苍山洱海之地，风景宜人，前往调查点的路上，偶尔摇下车窗，看见不远处的青山上“挂满”大大的云朵，它们一个一个地从山后伸出脑袋，路过的风轻抚云朵的脑袋，好似一不小心就可以把云朵拍到山脚那满是绿色的稻田里。我们调查的常规流程是早上出发，到达调查点后，打印样本和列表清单，然后跟着带队的人入户，每户一个多小时，完成任务后返回驻地。

虽然问卷调查是定量研究，但是开展调查的过程也有动态性、不确定性，访问员需要及时调整。因为我已经参加过

① 萧俊明：《文化的误读——泰勒文化概念和文化科学的重新解读》，《国外社会科学》2012年第3期，第33—46页。

一次比较正式的社会调查，有一点“自负”，觉得自己可以最后一个开始。由于村民都很早去田间劳作，可以接受访问的很少，好不容易找到一户，却由于家庭情况特殊，不愿意接受访问，所以第一天早上一份问卷都没有完成。拒访是调查中常有的现象，可能因为被访者对访问员的不信任，或者因为时间冲突，等等。由于时间关系，被拒绝且沟通无果后，我只得匆忙赶回村委会，途中只顾着看导航，径直从集合地经过了，后面又原路返回。因为是定量任务，害怕拖后腿，想着下午早点开始。最开始遇到一个奶奶，不太能听懂对方讲话，就放弃了。结果去了离集合地最远的一户，并且有一定特殊性，我甚至一度担忧起了自己的安危。到了门口，得知主人在田地里忙，我就一个人等着，刚好手机停机了，本来就害怕，又突然停机，也不认识路，有一刻感觉自己要昏厥了。没办法，只能试探性地发一个朋友圈，希望有人看见可以帮我。20 分钟之后，一个老伯回来了，和他说明情况后，他表示正在忙，给不了我那么长时间。因为来之不易，我只能跟着老伯到田里去，我跟着老伯淌过了水稻田，再跳过细细的田埂，听到了蛙叫和蝉鸣。我在竹篮旁守着，等老伯撇完一竹篮烟叶，我们就往编烟的地方去。到了地方，老伯说他还要继续回到田里，因为笔记本快没电了，又下着小雨，我不能继续跟着老伯去，只能另外找一户。很巧地在编烟的地方遇到了一个伙伴，请她帮忙交了话费，因为忘记删朋友圈，有朋友发消息询问号码，也有朋友直接帮我交了话费，最后短信提示有 340 元的话费。

相比老年人，年轻人接触了更多外面的世界，对一些事物有着自己的了解和思考，会有更多的警惕。他们可以快速捕捉到某件事与自己的相关性，而后判断是否有“涉入”事件的必要性。带队的嬢嬢得知我还一户都没完成后，用她的小电驴载着我穿过条条小道，终于找到了一户。选定的受访者是一位奶奶，开始挺配合的，不久，她的女儿和外孙回来了，还有她女儿的朋友及其小孩。我简单地介绍了我们的调查，但是她们时不时插话，两个孩子各种哭闹，大人也不制止，奶奶在回答问题时也有顾虑，她女儿一直在旁边催促说：“随便说说就可以了嘛。”

问完第一户，雨还下着。我开始第二户的时候已经快下午6点了，很多同学已经完成任务了。很幸运，奶奶很配合，但是年纪比较大，有些问题要反应很久，又经常跑题，中途有几次感觉自己态度不太友好。很快又陷入自责，奶奶没有做错什么，况且还生病了，可以看出来，奶奶长时间坐木板凳有些不舒服，我多次问奶奶要不要休息一会儿，奶奶为了不影响进度，一直说没事。很多时候，我觉得自己很自私，我只是为了完成任务，被访者提出来的问题我不能给出具体的解决办法，只能简单回应，更多的是单方面的索取。但是，学过的知识告诉我，一个合格的访问员应该忠于调查问卷。最后一户很顺利，被访者是一位年轻的姐姐，对问题的理解程度很高，并且表示已经参与过很多次这种问卷了。

全部结束之后，天已经黑了，很多小伙伴已经返回集合地了，我只能一个人找回去的路。我向来是循规蹈矩的，不喜欢逼自己开辟“新路线”，就想顺着来时的路回去，结果发现越走越远，也没看到熟悉的标志，没有办法，只能按照走错的路再返回，边走边问。农村的路灯，不怎么亮，夜色昏黄，路旁的核桃树摇曳生姿，夜静得很。那一刻是有些委屈和害怕的，我拾起凌乱慌张的心情，只是往前走着，路上遇到了好多人。到了一个十字路口，一个奶奶和一个大叔给我指了路，走了几步发现有两条路。我回头叫住了大叔，想问清楚到底是哪一条，大叔看我害怕，就说正好吃完饭散步，一直送我到村委会。其实，遇到的时候，大叔已经准备往回走了。对于大叔，我的确说不上信任，甚至闪过“大叔会不会是坏人”的想法。我担心大叔是个坏人，害怕自己受到威胁，我可真是一个没有独立思考能力的人。现在想来，我们都不相信他们是“好人”，他们凭什么相信“远道而来”的我们，凭什么相信我们的工作。

我在这次的调查中，遇到了很多以前没有遇到过的问题，虽然有苦恼、委屈和难过，但也让我看到了事情的多面性，实现了一些方面的自我突破。失败是成功之母，经历不同的事情，验证学到的知识，才能实现素质的提升，同时，大学是从学校到社会的过渡，是一个犯错误代价最小的地方，犯错是一种经历，改正之后可以更好地适应社会。

三　对调查问卷的反思

调查问卷是什么？如何看待调查问卷？

大理的气候是极好的，怡人亦育物。生活在这种环境中的人们也显得温和自由。我们到达大理剑川的寺登，在寻找被访者的路途中遇到村民在举行一个仪式，带路的大叔说是求子仪式，我之前也看过贵州地区求子仪式的相关文献[①]。同行的伙伴似乎对这个仪式很感兴趣，但是为了尊重当地人的文化，大家没有下车拍照。是的，“异文化”总是可以激发人们的敬畏之心，想接触却也害怕。参与仪式的人很多，他们点着香火，年长的几位主持人站在最前面，念着我们听不懂的话语，似祈祷，似驱逐，其他人都跪着，手里护着祈福的香火和纸钱，有些人时不时往前挪。我们看了一会儿，他们慢慢站起来，跟着主持人围着火盆转成一个圈。仪式具有“载体”作用，A. R. 拉德克利夫－布朗在《原始社会的结构与功能》一书中指出，仪式和信仰作为一个统一体的不同组成部分是同时发展而来的，而在这一过程中，制约或决定着信仰的正是行动或行动的需要，因此应该把研究重点放在仪式而不是信仰上。[②]对于仪式，我并不喜参与，甚至是害怕的，就像小时候极不愿意到举行葬礼的地方去。

相比前期的惬意，后面的调查就逐渐暴露了一些问题。不可否认，调查问卷的适配度是有提升空间的，问卷里的一些问题、术语，农村人根本就无法理解。因为要统筹全局，有很多现实因素，所以问卷很难做到高度适应每一个调查点，但是也要关注局部，对必答题进行适当调整。在农村，90% 以上的人一辈子务农，从来没有接触过公司高层、记者等人士，问到对不同社会阶层的人的态度时，他们只能说：“我不了解，完全没接触过，不知道，你们随便填

① 杨海旺、穆维平：《黔东高地“嘎闹”苗族架桥求子仪式音乐研究》，《歌海》2022 年第 2 期，第 84—88、114 页。

② 〔英〕A. R. 拉德克利夫－布朗：《原始社会的结构与功能》，丁国勇译，中国社会科学出版社，2009。

吧！”在问到对陌生人的信任度等题目时，绝大多数人只会回答绝对否定和绝对肯定；前后两个题分别问人家“有几个子女”和“有几个亲生子女”，前后两个题分别问初婚的人“第一次结婚时间”和“与目前配偶结婚时间”，这些问题有时会冒犯到被访者。问卷的质量是社会调查质量的关键，应该确保逻辑无误，用语适当，同时因地制宜，不断提高适配度，否则调查质量会大打折扣。

此次调查是电脑自动抽样，原意是想尽量避免主观性，但是要具体情况具体分析，特别是在农村的被访者抽样阶段。随机是为了抽到更客观的样本，但是，在农村，随机就很可能抽不到回答得最好的那一个，得不到最真实的数据。在农村的随机抽样总不会那么令人满意，村里很多都是空巢老人和留守儿童，可以理解问卷内容的人很少，有的人甚至不清楚自己家里的情况。我觉得这种情况的随机抽样，并不会增加问卷答案的真实性，甚至准确性都很难保证。有时候电脑随机抽到的家户具有特殊性，我们觉得没什么异常，但是人家会怀疑是不是故意针对他们，可能会带来一些伤害。因此，调查问卷需要不断试访，不断完善。

四　认识社会调查的意义

社会调查的意义是什么？如何运用调查结果？

社会调查是向当地人学习的实践过程，调查者向当地人收集问题和想法，然后促进问题解决。即使社会调查的结果不能及时应用于实践，但这是一种系统的数据收集。

在调查中，我不止一次反思，被访者希望我可以帮他们反映问题，可以帮助他们，而我却给不了及时有效的解决方法。有时候觉得被访者拒访也很正常，各种类型的社会调查每年都有，但是他们看不到解决方案，他们没有得到任何现实的利益，在很多人看来只是一次又一次地收集问题。调查结果要及时运用，不能挂之高楼，要先解决现实问题，而不是停留在单纯的学术研究。学生需要走出“象牙塔”去学习，学习成果也应该走出“围城”。在昆明市寻甸县柯渡镇新村调查时，被访者以为我们是政府的人，提出了很多诉求，希望我们能帮他们反映问题。由于被访者对我们身份的误解，加上对问卷的理解程度不高，有一天早上，两户被访者分别用了两个小时，结束之后已经很晚了，没赶上饭点，等我回到集合地的时候，其他人已经吃完了，菜也凉了。不可否认，当时有一点心酸，之前的任何一次调查都没有出现过这样的情况，一时间有了极大的落差。但是，反思过后，我觉得这是正常的，大家都时间紧任务重，总不能全部人等我吃饭的。正可谓祸不单行，吃完饭后，督导员发了反馈文件，前天的废卷中有一份是我的，自信心又一次遭到打击，当然，也很庆幸及时发现了问题。

社会调查是一个动态的过程，没有什么是一成不变的，永远适用的，我们需要在调查中学习成长，不断积累经验，努力提高计划的灵活度和适用性。为了防止废卷影响任务进度，我们每天都会多做几份，开始的时候，会为了一份额外的问卷导致全部同学空等一个多小时。后来，在保证完成计划的同时，灵活调整，不再要求必须多做几份，而是尽可能提高效率。团队和个人是相互的，个人要认真做好自己的工作，团队也要做好整体协调。有一天早上，由于各方面没有协调好，下午 1 点 50 分了，有一部分同学还停留在调查点没有返回住处，也没有吃午饭，但是通知下午 2 点 30 分就要出发去下一个点，这样的计划和协调是有一定问题的，后面也进行了一定的调整。任务分配要合理，特别是有既定任务的，工作累点是正常的，工作时间长也可以接受，但是不能临时改变，不能随意打破既定的规则。

调查中，我们要做的不仅仅是收集问题，不应该总是问他们存在什么问题，而是问他们应该如何解决，他们希望如何解决。有天下午，我访问了一位卖农药的嬢嬢，我开始介绍的时候，嬢嬢就和旁边的人说："以前也来过好几次，我记得有一次提了一桶油，有一次提了一袋米。"令我汗颜的是，我什么礼物都没送。好在嬢嬢很配合，在完成问卷后也分享了一些自己的观点和想法。

五　领略各地的独特风景

看看长路上的风景吧！

我期待自己可以有清醒的思维，所以喜欢到不同的地方验证所学知识，打破刻板印象。这次的社会调查，我们到了很多地方，走了很多的路，匆忙赶路中发现，其实这边"风景独好"！

两岸山峰迭起，暖风回旋于河谷之中。在去往昭通市巧家县的路途中同时呈现祖国大西北和大西南的景象，随着车子驶入，两岸时而荒漠一片，时而绿树成荫。云南多为高原和山地，立体气候明显。巧家县的县城和山上白滩镇的杨家湾村就形成了鲜明的对比，县城的气温较高，空气闷热，司机叔叔说杨家湾村要一直上山，到山上就凉快了。我们沿着盘山公路到达山腰，看到崎岖的道路和连绵的山脉，我突然想起了无数次在书本中看到过的四川大凉山。到了一处极佳的观景处，师傅停下车让我们拍照，他指着金沙江的对岸说，对面就是四川凉山。真的是凉山耶！那个我在书本中无数次看到过的，令我心生无数遐想的大凉山。我们继续前行，不远处就是杨家湾村，那里山脉好似一条条巨龙从云端现身，山脉上的人家星星点点，人民安居乐业。

调查过程中，我深刻体会到了基层干部的重要性，在杨家湾村完成问卷之后，我和村委会党支部书记闲聊了一会，发现他们的工作很多，基层干部连接着老百姓和中央，关系着人民群众的切身利益和社会和谐稳定。[①] 基层干部更需要懂群众的诉求，想百姓之所想，解百姓之所困，真正做人民的好公仆。很多基层干部选择坚守在大山里，帮助更多的人走出大山，让山里人过上更好的生活。

新平县被誉为“哀牢山中的一颗璀璨明珠”。2023 年 7 月 21 日，我们到了新平县。一路上都是细雨蒙蒙的，山间公路犹如游龙盘踞于峡谷之间，峡谷内的长河在雨天咆哮着，两岸的树木也摇曳应和着。这种氛围，令人感到压抑，又有着野蛮生长的魄力。随着车子驶近，我先是看见了从两旁谷底绵延耸起的橙子梯田，然后是不久前新长了果穗的玉米，还有零星散落于人家门前的石榴树。进入村子，驻足

① 欧欢欢：《〈农村基层干部廉洁履行职责若干规定（试行）〉解读之三　全面理解廉洁履职行为规范的具体内容》，《中国监察》2012 年第 10 期，第 48—49 页。

观望，主干道直驱远处山脚，山腰云雾环绕，亦有星星点点的人家。我跟随一位干部，淌着溪流，沿着墙边，在人家的屋檐下摸索前进。走出狭长小道，再冲下一个控制不了脚步的小坡，到达一户人家。经过简单介绍之后，我们便开始了问卷调查，他们很配合，没到一个小时就完成了。雨越下越大，孃孃说小路多得很，怕我找不到路，执意要送我回村委会，临走还摘了一个门前的大石榴给我。

孃孃一直走在前面，我们时不时闲聊着，我是喜欢她的，她很温柔，我们聊了很多关于村庄的事情，我极少说话，我喜欢听她说，听她说村庄的变化、人民生活的变化。过了几个小时，暖风拂面，阳光透过即将散去的云层，照耀着大地。下午的任务也很快结束，有些小伙伴还没返回，我和其他小伙伴在村委会二楼的阳台上倚靠着，我又看到了农户门前的石榴树，它们仰着头，在阳光下摇曳着，发出金色的光芒。我又抬头看了看远处那被云雾环绕着的高山，山上的人家愈加明显，通往山上的道路亦然。良久，我们踏上了归程，雨还淅淅沥沥地下着。同行的伙伴一路高歌，歌声里充斥着田野的喜悦，洋溢着青春的律动，路旁的弯竹扫过我们的车窗。我摸了摸那颗石榴，明亮鲜艳，我又把它放进了书包。

回去的路上，车子在两旁的竹荫下驶过。在离芭蕉树很远的地方，我看到了彩虹，我没有拍照，只是，不时地看它一眼，彩虹很久都没有消散，反而愈发明亮。

此次社会调查虽然艰苦，但也受益良多，走了很多路，听到了很多故事，对不同地区人们的生活方式、特色文化有了一定了解，进行了很多尝试，得到了锻炼和成长。

盛夏总是承载着希望和浪漫，田野里的盛夏，尤其热烈！

一个浙江人的云南基层观察

项　善

一　参与调研的背景与调研过程中的困难

一转眼，我已经完成了两周的云南社会调查。作为调查队伍中的小同志，得益于同队的老师以及哥哥姐姐们的照顾，很快我便对社会调查有了一定的了解，对云南各市的风土人情有了大致的了解。

相较于哥哥姐姐们多次参加社会调查不同，我几乎没有参加过什么大型正规的社会调查，这也导致我对于社会调查的理解仅限于书上。《中国社会各阶级的分析》算得上是我的社会调查启蒙文章，《毛泽东传》《马克思传》中的社会调查故事更是不断吸引着我。之后，我陆续接触到费孝通教授撰写的《乡土中国》和《江村经济》，阿比吉特·班纳吉（Abhijit V. Banerjee）与埃斯特·迪弗洛（Esther Duflo）教授撰写的《贫穷的本质：我们为什么摆脱不了贫穷》，兰小欢教授的《置身事内：中国政府与经济发展》，吴毅教授的《小镇喧嚣——一个乡镇政治运作的演绎与阐述》。这些书不断拓展着我对于社会调查的理解，让我逐渐意识到，社会调查具有其独特的意义。相较于自然科学的实验，人文社会科学的社会调查除了科学性还必须具备人文性，我们要通过语言、建筑、行为来讨论人类社会的发展规律，去找寻与人类生存、发展、幸福有关的价值与意义。

这次正式大规模的社会调查给予我一个与之前完全不同的视角。我不再以旁观者的身份，用看故事的眼光，去审视那些访问员的艰辛、被访者的苦楚，而是以亲历者的身份，切实深入受访者所居住的房屋，观察他们生活的环境，了解当地的风土人情，并与他们交谈。不仅如此，作为访问员，我全面学习了整个社会调查的流程，包括培训、学习、交通、住宿、衣食、意外、沟通等各个方面。俗话说“纸上得来终觉浅”，这些都让我跳出读者的视野，让纸面上的文字，化身为眼前的切切实实的生活，我想，社会调查更重要的是走进受访者的生活当中，感受他们所生活的环境，用学理性的思维，从感性、矛盾的纷杂故事当中提取出有价值的线索，归纳总结社会发展的规律。

回顾两周的时光，我依然觉得我加入此次调研是十分正确的决定，哪怕在其中我有很多不适应的地方。我是云南大学 2021 级本科生，来自浙江温州，本来这个暑假我是打算回温州去实习，去做“三下乡”，但是我突然被辅导员推送了一段招收访问员的通知，我看到这个通知后，马上就上传了自己的简历，因为我等这个机会很久了，我一直想参加一次正式的社会调研，去丰富我自身的经历，而且我对于共同富裕十分感兴趣，我想看看云南和浙江到底有什么区别，浙江经验能不能移植到云南，浙江和云南如何实现共同富裕。怀着这样的目的，我积极投身两周的社会调研，但是，途中遇到的困难还是颇多。

首先，饮食不习惯。两周中的每一餐都是辣的，我每次只能就着水才能吃下去，每次聚餐我总是喝水最多的那个，毫无意外，我上火，长痘痘，最严重的时候，背上有一颗好大的痘痘，这些都是身体在提醒我不要再接触辣的东西了。

其次，烟的问题也是很大的。云南是产烟大省，烟草是云南的支撑产业，几乎我访问的每一户人家都有人在抽烟。在农村，抽水烟很常见，长长的管子，小巧的烟嘴，点上一支烟，凑近烟嘴，吸上一口，“咕咕咕”地冒烟了，像水烧开的样子，这就是水烟。我之前从来没有见过这东西，我甚至连普通的香烟都没抽过，就是这样一个连烟都没抽过的人，却要和一群抽着水烟的人，以非常近的距离待一个多小时，我问一个多小时，他们就抽一个多小时，出来的时候都是“仙气”飘飘的，仿佛刚从仙界回到人间。

当然这些困难还只是小的而且也是无法避免的，在访问过程中遭遇的困难则更令人头痛。云南各地少数民族众多，他们都有自己的方言，来自外省的人只能听得懂他们零星的普通话，这导致我与村干部之间沟通会产生一些误解，就像有次山高路远，村干部就把我送到山脚下，没有陪同我上山，又听不懂他到底说的什么意思，只得沿着他手指着的方向前行，途中打了五六次电话，不断沟通，终于从他的口音当中明白了他的意思，找到了位于山腰上的访户。访户无法沟通则更令人难受，绝大部分的访户普通话都说不标准，也很难听懂普通话，在问卷中，有两道题是询问他们语言水平的，大部分访户普通话部分填的都是差，英语部分更是差点全军覆没，仅仅有一位退休的小学校长在这两个部分都表现不错，这些导致他们无法理解问卷中的一些问题，需要我们用易于理解的口语来解释，非常考验访问员的语义转化能力和语句理解能力，我也慢慢理解了脱贫攻坚干部下乡首先要学习当地的方言，不过云南各地的方言与温州方言相比还是小巫见大巫，云南方言起码一个市内是比较像的，温州则村与村之间方言都有所不同，一个县甚至有五种完全不同的方言，相比之下，云南似乎还好一点。上述各种困难是很苦，但是真理的味道是甜的，这里的真理，我想应当是了解到了基层的面貌。

二　村（居）委会的“尴尬”

社区居委会和村委会一般设置在最发达的街道和社区当中，大致像一个四合院，大门面向公路。门两旁的立柱上，依次悬挂着支部委员会、某某协会、集体经济投资委、武装部等金底黑字的牌子，一院之内，包括社区或村庄党政部门的全部机构。走进大门，通常可以看到一个小广场，两侧写满标语，中间树立国旗，正向面对着一栋两三层的办公楼，走进办公楼，一层通常是办事大厅，二层、三层通常是各部门的办公室，条件好的村（居）委会，一般会有二三栋楼，条件差的就一栋。朴实、简陋、冷清、狭窄，这是村（居）委会大院给我留下的最初印象。大院里一天似乎都没有什么群众来，干部们都各忙各的事情，似乎我们调研队的到来，才打破了这沉寂已久的气氛。不过干部们的热情打消了我最初的疑惑，干部们对自己辖区内的群众非常熟悉，哪家住在哪里，哪家外出务工，哪家上街赶集，哪家家人去世，都了如指掌，他们和群众遇到了还会插科打诨一下，好像朋友一样。干部们对于我们的工作非常配合，他们在开展工作前，将调研名单中的无效人员筛选出来，并打电话给每一家，提前跟人家打好招呼，之后，一个干部领着三四个访问员，挨家挨户找人，陪着我们待一天，如果当地人手不够，还会请求镇上派下来几位。正是在他们的支持下，我们的工作才能顺利开展，否则我们连人都找不到，别人也不一定会信任我们。

很幸运，我抽到的两户是居委会的工作人员，因此我得以有这个机会了解基层工作人员的情况，且称这两位分别为“福星宝宝”和“老干部”。

我之所以称她为“福星宝宝”，是因为她在社区工作之外，还开着一家名为“福星宝宝”的店，她目前担任社区纪检委员，大概 45 岁，对于我的到来，她显得很谨慎，不断问我“你这个访问是干什么的，问卷做出来给谁看”，在问答过程中，一直说着要坚持中国共产党的领导，对自己和家庭的收入情况却含糊其词。

另一户，我称他为“老干部”，是一名离职的社区干部，所在的居委会是村委会转变过来的。“老干部”跟“福星宝宝”有较大的不同，在问答过程中，他比较直接，开门见山，颇有气势，他从个人的角度指出我国还存在一些社会问题，例如，他在社区工作 30 多年，现在每月只能拿 100 多元的低保，他身体不好，医药费开销很大，生活压力较大，等等。他的脾气很不好，我刚刚来他家的时候，他甚至要将我赶出去，我赶忙解释我来这儿调查的目的，并仔细倾听他的诉求，他才比较配合地完成问卷，其实，他原以为社区又来找他的麻烦，还不支付报酬，用流行的话来讲，就是“白嫖”他老人家，后来他慢慢理解了我的目的，他希望他的意见可以被政府看到，他的困难可以得到解决。

我在完成“老干部”这一户后，走到下一户，那户人家的户主义愤填膺地对我说：“上面的政策是很好的，都是下面的人歪曲了好政策！”我想这句话可以作为他们对当前不公现象的共同心声吧。村（居）委会干部在面对上级监察或社会调查时，往往会出于自身的利益需求，利用自身的信息优势，应对各种提问。他们接受镇政府的领导，积极配合镇政府的工作，承载着大量政治任务，事务很繁忙，但收入不高。他们和村民之间保持着相当紧密的关系，但这并不意味着他们总是代表居民村民的利益，因为他们也会考虑自身的利益。

三　田野上的“围炉座谈”

随着调研的步伐，我们进入昭通市巧家县小河塘村。昭通市历史上是云南省通向四川、贵州两省的重要门户，是中原文化进入云南的重要通道，云南文化三大发祥地之一，为中国“南丝绸之路”的要冲，素有“锁钥南滇，咽喉西蜀”之称，是云南连接长江经济带和成渝经济区的重要通道，是内地通往南亚、东南亚和云南通往内地的双向大走廊，是一个集山区、革命老区、民族散杂区于一体的地级市。巧家县位于昭通市西南角，夏天非常闷热，甚至可达40摄氏度，是国家级乡村振兴重点帮扶县，县城中大面积是山区农村，农民收入问题、产业发展问题、基础设施问题等非常突出。

我们搭乘基层干部的车辆，一路沿着盘山公路，驶进了位于深山当中的巧家县某村。一路上，在平原生活的我看着一望无际的山脉与河流，产生前所未有的感受。我震惊于金沙江的雄浑与中国政府的雄心。“只有横断的山脉，没有中断的公路！”金沙江千百年来塑造的天堑，雄伟壮观，尖峰耸立，倘若李白来此，也只怕会感叹：“噫吁嚱，危乎高哉！秋（昭通市别名）道之难，难于上青天！”通水通电通路真的是奢想，但是真的做到了！任他山脉如何横断，只要有村庄，就要有延绵不绝的公路，现代文明的脚步一步一步一步迈过了一道一道一道的山脉。正如很多村民说的，“现在的生活比以前好多了，通水通电通路这些在之前想都不敢想的”，“我们村山高坡陡、道路狭窄且多急弯，大多数群众出行都是靠摩托车，晚上光线黑暗，视线也不好。现在给我们安了防护栏，我们出行安全就多了一重保障”。尽管如此，村里到镇上依然需要开一个多小时的汽车，偏僻的村甚至要开三个小时的汽车，途中会遭遇到各种意外，例如，落石砸到公路上，大树断裂横挡在路中间，整条路无法通行，救援力量需要半天才能到达。到达村上，村中正停电，我们的电子设备无法正常工作，只得暂停调查，等待村中通电，我正好趁着这个时间观察该村的面貌。山区村落往往建设在山顶或者山腰的平坦位置，云雾围绕着山村，景色颇为壮观。山村中基础设施颇为健全，家家户户通水通电，但村中道路大多数是土路，非常狭窄，缺少混凝土路，更不用说沥青路了。村中住宅不像城市当中一幢一幢的商品房，大多数是自建房。自建房的种类各式各样，有西式小洋楼，有两层居民楼，有四合院。当地卫生颇差，不少村民家依旧是人畜同住，在家中养猪养羊，这些人的家中往往是一楼养牲畜，二楼住人，或者四合院东、西房养牲畜，北房自住。即便后来新盖的小洋楼，依旧存在养畜区，紧邻着住宅，这导致蚊虫聚集，庭院中不少苍蝇、蚊子。此外，村中还留有旱厕。

我们运气比较好，不一会儿村中就通电了，我们从村委会办公楼分开，前往各自的目的地开展调研。村里的人非常热情，对于我这个陌生人持有善意。看到我的到来，四面八方的邻居聚集到这家，村干部大手一挥，说："正好，我们要调查的三户人家都来了，我们就去前面的麦秆地上一起说吧。"于是，一家带着一篮子小苹果，一家带着茶叶和水壶，一家带着几个小朋友，一次田野上的"围炉座谈"就此展开。两壶水，五杯茶，迸发的茶香携带着果香、草香，一并加入了进来，这场由外来人作主持、村干部作桥梁的座谈正式开始。在这场座谈当中，我访谈了三户，这三户的问题主要是当地农民关心的基本问题和乡村振兴问题。

收入问题自始至终是困扰农民的最大问题。就业与收入息息相关，可是农民没有就业这个概念。他们认为自己祖祖辈辈是农民，从前是，现在也是，唯一的区别就是，过去是在生产队当农民，现在是自己当农民或去企业打工。其实他们当中一部分人已经没有土地了，就算有，也只是小面积的，真正算得上规模，有多余的农产品可以销售的，很少。

于是，他们当中便有了区分，有些人农忙时去企业打工，收入视市场而定。

有些人被企业雇用，土地的使用权也被企业购买，褚橙公司在玉溪购买众多土地来发展橙子产业，并雇用当地人进行管理耕作，还有烟草集团承包土地，雇用当地人种植烟草，并对烟草进行粗加工，或者鼓励当地拥有土地的人种植烟草，提供技术支持，收购种植的烟草，这些人已经脱离了单纯农民的范畴，成为橙子产业工人和烟草产业工人，基本实现了农业产业化，但这些产业工人是整个产业链中最底层的，仅仅通过出卖劳动力或者提供原材料获取报酬，同时会受天灾影响，我们访问的一整村都被洪涝灾害冲击，烟草所剩无几，只得向政府申请救灾补助。

有些人外出务工，也就是俗称的“农民工”，他们并不是家中没有土地，有的甚至有两三套房子，只是说“赚得太少，孩子上学都不够”，相对而言，农民工收入水平还是可以的，农村当中那些看起来较好的自建房往往是他们的。

但是，农民工没有稳定的工作。2023 年 7 月 17 日，昭通市小河塘村的朱先生吐露：“工地上没有项目啊，我已经在家里闲了一年多了，幸好有医保，不然没钱看病咯。”邻近地区经济遭遇困难会极大影响农民工的收入水平，农民工存在一种距离偏好，江浙沪那边挣钱的机会是多，但是风险也很大，跨省份的工作，带来的是各种不便，他们偏好于邻近地区工作，例如省会昆明、县城等地区，哪怕收入低一点。而且，地方政府也有一种户籍偏好，当一个项目被选定在该县，合同上往往会有这么一条，“尽量招收本地户籍人口”。地方政府会出于当地民生和自身政绩的考量，给予当地居民一些特殊待遇，企业也会出于长远发展的考量，吸纳相当数量的当地人，那么对于外地人来说，特别是在当地没有任何关系的农民工来说，这相当于一道机会壁垒，没有办法获得较好的工作，取得较高的报酬。

在距离偏好与户籍偏好的双重影响下，农民工最好的选择就是邻近地区，但是云南的很多地方缺少项目投资。政府通过基础设施建设，吸纳大量的无业人口，可是基础设施建设需要大量资金，当地经济鲜有支柱产业，这就决定了基础设施项目少。玉溪市一条新修的高速公路上面居然没几辆车，大货车更是没见到，听说大家都走老路，老路很便宜，哪怕要多走几个小时。时间就是金钱的口号在这个地方没有吸引力。而在江浙沪，时间就是金钱，浙江省内打造一小时城市圈，温州（最南端）到杭州（最北端）只需要一小时，温州市内大力打造“一轴一带一区”的城市空间格局；轻轨方面，温州市大力新建轻轨，将市内各县（区、市）连接起来，未来轻轨甚至要通到最远端的县城；高铁方面，最落后的县城也有高铁；高速方面，四通八达的高速道路连接各个县市，最远端的县到市区机场不用一个小时。

总之，当地产业发展不起来致使就业岗位稀缺，民生水平一直处于低地，因此，解决农民收入问题最重要的依旧是当地产业发展问题，资金从何而来的问题。

当地农村的教育问题比较突出，有些少男少女在十五六岁就已经结婚生子了，有一位姑娘才 21 岁就已经是两个孩子的妈妈了，这些人的学历当然只有初中或者高中，大学生非常少，据村民说，村子里，大专是最高学历。正在读书的初中生和高中生中，“卷”学习的人少，他们在寒暑假总要帮爸爸妈妈爷爷奶奶一起干活。浙江同龄人的生活学习状况则大相径庭，寒假都要上课，周一到周五要上晚课，学习时间长，学习压力重。

当地农村的思想教育工作非常难推进，当地村民对于卫生建设一事，持不理解、不支持的态度。2023 年 7 月 21 日，居住在玉溪市向阳村的谢先生说："城里人为什么要管养猪养羊，我们农村人习惯了这样。"除了卫生建设，还有农村宅基地建设等问题。在山区，村民与外界的交流非常少，智能手机等电子设备非常稀少，彩色电视甚至还要依赖"电视大锅"来接受无线信号，定期的集会成为他们少数不多的交流渠道。集会上贩卖着各种各样的东西，老乡挑着竹篮去贩卖自家种的水果、蔬菜，还有一些城里过时的服装玩具，当地特色的凉粉也是必不可缺的，孩子们最喜欢到集市上去，因为那里有新奇玩意，但这些新奇的玩意在城里早已过时，盛大的集市与酒席结束后，等待村民的依旧是日出而作日落而息的农耕生活。

这次调研给了我这个浙江人非常巨大的震撼。从小生活在工业机器氛围里的我，接触到了真正意义上的农耕生活，这些村庄的村民该以何种形式实现乡村振兴，我觉得道阻且长，依旧需要不断探索。

穿越云南：从课堂到田野的心灵之旅

杨李婕

引言：心灵与认知的跨越

2023年暑期，我参加了中国综合社会调查（CGSS），这不仅仅是一次地理意义上的穿越，更是一场心灵与认知的深刻跨越。作为云南大学的一名研究生，我从课堂上的理论学习走向社会实践大课堂，在这段旅程里，我既是一名督导员员，更是一名“探险家”。从“苍山不墨千秋画，洱海无弦万古情”的大理到古朴静谧的寻甸，从“连峰际天，飞鸟不通”的昭通到滇中碧玉的玉溪，我的每一步都如李昌符笔下“良久惊兼喜，殷勤卷更开”那般，收获颇多。

这次调研之旅始于我对未知的渴望，但也有一丝轻微的不安。虽然我是一个土生土长的云南人，但我对自己家乡之外的地区却知之甚少。毕竟云南这个地方的地理人文十分复杂，即使去过一些地方，也只是旅游时的“走马观花”，并没有深入了解。带着对这片土地的好奇心，我踏上了调研之路。在此之前，所有访问员进行了为期一周的密集培训，学习此次社会调查的基本概念、原则和方法。此外，我还学习了白族、回族、傣族等少数民族的相关文化背景资料，研读了云南的历史和文化，对云南多民族社会的独特性有了更深入的了解。所以，本文即我此次调研中的一点收获主要围绕云南多民族社会的“文化”展开。

在田野调研的过程中，我深刻体会到了费孝通先生所强调的“深入实地、与民众密切交流”研究方法的重要价值，这种方法不只是让我能够突破理论与实践之间的隔阂，更重要的是，它让我有机会直接观察与感受社会变迁的脉动，以及社会变迁对个体生活的影响。我也因此逐渐学会了如何从每个人的故事中发掘信息。随着调研的深入，我越来越意识到，作为一名社会学研究者，我的任务并不只是简单地记录和分析，更重要的是要去成为不同文化之间沟通的“桥梁”。这一次经历，让我对社会学有了更深层次的理解，同时也激发了我进一步探索和研究社会多样性与促进民族文化交流的热情。

此外，这次调研也是一次自我探索的过程。在与不同文化背景的人交流中，我开始反思自己的价值观、人生观以及生活方式。这种反思不仅加深了我对自我的认识，也让我更加尊重和珍视文化多样性。我理解到，每种文化都有其独特之处，真正的智慧在于从不同文化中吸取养分，促进个人的成长和发展。

在调研的两周多时间里，我深入云南的四个地区，与当地居民进行了深入的交流和访谈。作为督导员，我负责协调调研途中的大小事宜，工作比较忙碌，但我仍通过我的笔和相机记录了这些地方的人和事，通过眼睛、耳朵和心灵，我努力理解这片土地上社会和文化的多样性与复杂性。每一次与当地居民的交流，每一次对乡村社区的探访，都是一次全新的发现和体验。

一　文化：传统与现代的碰撞

云南位于中国西南边陲，复杂的地形和气候条件不仅造就了独特的自然环境，也孕育了丰富多彩的文化景观。云南省内聚集了 25 个少数民族。各民族在长期的历史发展过程中形成了独特的文化习俗、语言和宗教信仰，使云南成为“活的人类学博物馆”。这里的每一个民族都保存着特有的文化习俗，从语言到宗教，从建筑到服饰，无不展示出文化的多样性与复杂性。云南的多民族文化不仅是中国文化多样性的缩影，也是全球化背景下文化研究的重要样本。

在这次调研中，我主要关注到了云南少数民族传统文化与现代化浪潮的碰撞。现代化的发展，特别是近年来现代化进程的加速，对民族文化带来了巨大的影响。在调研过程中，我们看到，工业化和城镇化的发展使得大量的村民外出务工或是搬入城镇生活，同时村里穿着传统少数民族服饰的人越来越少了。传统的生活方式、文化习俗和社会结构面临现代经济、技术和价值观的挑战。这种文化变迁过程，使得云南成为研究传统文化与现代化冲突和融合的理想场所。首先，现代化带来的城市化进程对少数民族社区的传统社会结构和文化认同产生了巨大冲击。其次，现代教育的普及和大众媒体的传播加速了文化的同化进程。年轻一代在接受现代教育后，往往更倾向于融入主流文化，而忽视或放弃自身的民族文化传统。同时，大众媒体的广泛传播，也在无形中促使少数民族文化被大众文化所取代。在调研中，我们看到，少数民族的语言、音乐、舞蹈等传统文化在现代教育和媒体的冲击下逐渐失去其在年轻一代中的影响力。在巧家县某个村子里，我见到几个小朋友在嬉戏打闹，他们讨论着时下流行的网络游戏，说着当下的网络流行语，并在村中广场上对动画片里的人物进行“角色扮演”。当我问其中一个小男孩是什么民族时，他回答他是彝族，但他并不会讲彝语，只有他奶奶还会讲。在与小朋友们的交谈中，我还发现，学校推广普通话后，小朋友们连本地方言也不会讲了，都使用普通话交流，在家中，父母也会尽力用普通话与孩子们沟通，为的是培养他们讲普通话的能力。最后，少数民族的传统文化逐渐被商品化，成为旅游业或文化产业的一部分。少数民族文创产品能带来一定的经济收益，但文化的内在价值可能被削弱，传统文化被简化、改造为迎合外界需求的形式，失去了原本的文化意义。

然而，现代化并非仅仅带来挑战，它也为少数民族文化的保护与复兴创造了新的机遇。首先，信息技术的发展为少数民族文化的传播和保存提供了新的平台。互联网和社交媒体的普及使得少数民族能够更广泛地传播其文化传统，甚至跨越地域限制，将文化展示给其他地方的受众。2023 年春，我在怒江调研时便看到，一些少数民族群众通过抖音、快手视频传播其语言、音乐和舞蹈，成了当地的“网红”。有些

“网红”的直播平台还加入了助农产品的相关内容，帮助推广和销售，促进文化复兴和传承的同时，也带动了当地的经济发展。其次，现代化进程中的文化产业化为少数民族文化提供了经济支持。许多地方政府和文化机构为了发展当地的旅游业和文化产业，大力支持少数民族文化的保护和传承。2024 年 4 月，我去德宏芒市过泼水节时便感觉到，这已经不单单是一个节日，而是当地的民族文化盛宴，在促进了当地旅游的同时，传统节日、手工艺品和表演艺术等都在旅游业中得到了推广，这不仅增强了对傣族文化的认同和推广，也为其带来了经济效益。这种文化产业化的过程，虽然有可能简化或商业化传统文化，但在一定程度上也推动了文化的复兴和再创造。

在这次社会调查中，我深切感受到文化的多样性和社会的复杂性。随着我逐渐深入这片土地，我发现云南与其他地方的独特之处，在传承传统的同时，也在应对现代化带来的影响和挑战。

随着调研的深入，我越发意识到理论与实际经验之间存在鸿沟。通过调研，我与当地人建立联系，从而更深入地理解这些地方。我的社会调查始于好奇与困惑，当我发现乡村社区的生活与我在城市的经历截然不同时，那种简朴而纯粹的生活方式深深吸引了我，远超出了书本和宣传册所能描绘的。

在实地探访这些地方后，我深切体会到云南比我预想得更为丰富和复杂。这里有壮丽的自然景观和丰富的民族文化，每个地方都有其独特的故事和面临的挑战。在剑川古镇，历史的厚重和文化的传承让我深感其魅力，那里的石板路、潺潺流水和古老建筑仿佛让人穿越到过去。在寻甸的城市街道，现代化与古老建筑的交织展示出时代的融合与碰撞。在巧家和新平远离城市喧嚣的乡村则展示了云南传统的生活方式和习俗，与自然和谐共处，呈现一种与现代社会迥异的生活节奏和价值观。

在这次调研中，我遇到了许多热情好客的当地人，他们的生活和故事给我留下了深刻的印象。通过与他们的交流，我感受到了云南多元文化的魅力。这些体验不仅丰富了我的研究，还让我对自己的文化认同和价值观有了更深刻的反思。我意识到，每一个民族都有其独特的生活方式和世界观，这些多样性共同构成了云南独特的社会结构和文化风貌。通过与不同背景的人交流，我学会了如何从多元视角观察和理解社会现象，这对我来说，是一种宝贵的能力和财富。

此外，这次调研中我也遇到了一些挑战和困难。语言差异、文化差异以及生活习惯的差异，都在一定程度上影响了我与当地人的交流和理解。然而，正是这些挑战和困难，激发了我更加深入探索和研究的动力和热情。我开始尝试以更加开放的心态接纳不同，并以更加积极的态度克服困难。每克服一次挑战，都让我对云南的理解更加深刻，也使我对社会学研究的热情更加高涨。

这次调研让我意识到，每一次深入的访谈和观察都是一次珍贵的学习机会，让我从理论走向实践，从书本知识转向人文关怀。我开始理解，社会学不仅是研究社会结构和功能的科学，更是一门研究人类生活和文化的艺术。通过这次深入的田野调研，我不仅增加了学术知识储备，更重要的是，学会了以开放的心态理解和尊重不同文化和生活方式。深入了解云南的社会和文化，让我越来越意识到，作为一名社会学研究者，我的任务不仅是记录和分析，更是理解和传达这些地域的声音。我希望通过这次调研，为促进不同文化之间的理解和尊重做出贡献，共同建设一个更加和谐多元的社会。

所以，这次调研不仅是地理上的行走，更是心灵和认知的深度探索。我开始理解，要真正认识云南，必须亲身体验其多样性和复杂性。随着在云南的深入探索，初始的好奇与困惑逐渐转变为对知识的追求和对理解的渴望，这正是我此行的目的和挑战所在。这次调研不仅让我获得了丰富的学术知识和实践经验，更教会了我以宽容和包容的心态理解这个多元而复杂的世界。我深刻认识到，每一种文化、每一个社区、每一个个体，都拥有其独特的价值和意义。作为社会学研究者，我有责任去探索和记录这些独特的价值和意义，用我的研究为促进不同文化之间的理解和尊重做出贡献。

调研不仅是身体上的行走，更是心灵上的成长和转变。这次在云南 14 个村（社区）调查的经历，不仅拓宽了我的视野，也让我学会了如何面对多元和复杂，如何在不同文化之间寻找共鸣和理解。这将成为我人生旅程中宝贵的经历和财富，指引我继续前行，不断探索、学习和成长。

二　探访：山与水的吟唱

（一）剑川县：白族文化的传承与现代化的挑战

调研的第一站是大理白族自治州剑川县。在剑川，我被这里的自然风光和深厚的白族文化、建筑深深吸引。白族的传统建筑以“三坊一照壁”和“四合五天井”为主要形式，展现了白族对建筑美学的独特追求。这些建筑不仅功能性强，还充满了艺术美感，门窗和屋檐的雕刻上常常可以看到白族的传统图案。在剑川古镇漫步时，我偶然走进一位木雕工匠的工作室，被工作室内陈列的木雕工艺品所吸引，也被他们精湛的技艺和对美的追求所震撼。工匠向我介绍了白族木雕的制作过程和寓意，使我对当地白族的工艺美术有了更深的了解。这些手工艺品不仅是物质文化的体现，更是白族人民智慧和精神的传承。剑川的白族手工艺品如木雕等十分精致且远近闻名，不仅在当地市场上广受欢迎，也逐渐进入更广阔的市场，成为白族文化的一部分。白族的节日习俗，如“三月街”、火把节和绕三灵等，是白族人民传播民族文化和促进文化认同的重要途径。在调研过程中，我们幸运地观看到了白族群众正在进行的某种仪式，但遗憾的是我们并不知道是什么仪式，也没能进行更深入的了解，即使我同样身为大理白族，但我家乡的风俗和剑川不同，在网上查阅和询问亲友也没能搞清楚。

随着现代化的推进，白族文化在剑川县的传承也面临严峻的挑战。随着年轻一代逐渐接受现代教育，他们对传统文化的兴趣和参与度显著下降。许多年轻人更愿意接受外来的流行文化，传统的节日和手工艺品逐渐失去了吸引力。特别是在城市化进程加快的背景下，传统白族建筑被现代建筑取代，除旅游景点外，传统村落的景观也因此发生了明显变化，只有剑川古镇和临近公路的部分民居还保留有民族元素。

在访谈中，我了解到，剑川县采取了一系列措施来保护和传承白族文化。社区层面，特别是剑川古镇内的社区，文化活动的组织和实施成为增强社区凝聚力和文化认同的重要手段。如白族节日庆典、传统手工艺培训班等，试图增强年轻一代对传统文化的认同感。政府层面，剑川县政府通过文化遗产保护政策、旅游业发展规划和教育体系改革等手段，积极推动白族文化的保护与传承。同时，政府还与各类非政府组织合作，开展了诸如传统建筑修复、手工艺品展示等项目，帮助白族文化适应现代化进程中的需求，同时保持其文化原真性。

（二）寻甸县："农转居"社区中的文化认同与现代生活

调研的第二站是昆明市寻甸回族彝族自治县，这是一个多民族聚居的地方，主要居住着回族和彝族。在这里，我初次接触了"农转居"社区的居民。随着城市化的推进，许多农村地区被纳入了城市扩展计划，导致大量农民转为城市居民，形成了"农转居"社区。这些社区在保留原有农村生活方式的同时，也逐渐融入了现代城市生活的元素。

寻甸县的"农转居"社区，不仅是经济发展和城市化进程的结果，也是传统文化与现代生活相互交织的产物。我们在调研中看到，在这些社区中，传统的宗教信仰、节日习俗和家庭结构与现代生活方式是共存的，但这种共存并非没有冲突，而是采取了一些调适策略。一方面，社区内部通过家庭教育、社区活动等方式，努力保持和传承传统文化；另一方面，社区也在尝试将传统文化与现代生活相融合，以吸引更多年轻人参与。

寻甸的“农转居”社区在文化调适方面展现了较强的创新能力。通过社区内的合作与互动，回族和彝族居民逐步重构了他们的社区文化认同。这些文化调适与认同重构的过程，展示了少数民族在现代化背景下如何通过自我调整和创新，维持文化的延续性和活力。尽管现代化带来了诸多挑战，但这些社区通过积极的文化保护策略，成功地在传统与现代之间找到了平衡点。

（三）巧家县与新平县：传统农耕社会与现代经济的融合

调研的第三站是昭通市巧家县。在这里，我走近了云南传统农耕村落，深入了解了淳朴的乡村生活。调研的第四站是玉溪市新平彝族傣族自治县。我们探访了水塘镇金厂村和者竜乡渔科村，了解到了彝族、傣族等少数民族如何在保持传统生活方式和文化身份的同时与现代社会和谐共处。

巧家县和新平县都是云南有着典型农耕传统的地区，主要居民为汉族、彝族和傣族等民族。这些地区的传统生活方式以农业为核心，农耕文化在农村生活中占据重要地位。传统的农耕活动不仅是一种经济行为，也是一种文化实践，反映了人与自然的和谐关系。例如，彝族的火把节不仅是农业祭祀活动，也象征着丰收与希望；傣族的泼水节则是对自然、农作物和生命的祝福等。但随着现代化进程的深入，这些传统农耕文化也面临新的挑战和机遇。城镇化的发展使得农耕文化逐渐边缘化，年轻一代对传统农业活动的参与度明显降低。年轻人逐渐离开农村，迁往城市，寻找更好的就业机会，导致农村劳动力短缺，传统农耕活动难以为继。此外，随着市场经济的发展，家庭农场开始与更大的农业企业和市场网络互动，这使得传统的家庭小农经济模式受到冲击。比如玉溪赫赫有名的“褚橙”，我问村里的小哥，山上的橙子树都是褚橙吗？小哥却回答褚橙是个牌子，他们自己种的这个只能叫冰糖橙，在市场上冠上褚橙的名头会更好卖一些，但冠名是要跟相关的企业签订协议的。

尽管面临种种挑战，巧家县和新平县在现代化背景下也展现出了较强的适应能力。巧家县的天麻产业通过引入生态农业和有机农产品的概念，试图将传统农耕文化与现代经济需求相结合。新平嘎洒镇通过发展当地特色民族风情旅游，将传统傣族文化和自然资源转化为旅游资源，吸引游客参与体验，从而实现文化与经济的双赢。这些措施不仅帮助少数民族地区保持了文化认同，也在一定程度上缓解了现代化带来的冲击。传统的家庭农场模式在现代农业经济中逐渐被新的经济形式取代，家庭结构和社会关系也因此发生了变化。年轻一代在接受现代教育和城市化生活方式的过程中，逐渐与传统文化产生疏离感。然而，通过现代化与传统文化的融合，当地社区也在重新构建他们的文化认同，寻找适应现代社会的文化新路径。

这次深入探索不仅加深了我对云南社会结构和文化多样性的认知，也让我深刻感受到当地人民在维护自身文化和传统时所展现出的韧性和创造力。我了解到了传统文化在现代社会中的适应与变革，以及这些变化如何影响社区成员之间的关系和身份认同。例如，白族村落中传统节日庆典不仅强化了社区内的凝聚力，也成为年轻一代了解和传承文化的重要途径。

通过这次调研，我学会了如何以开放和尊重的态度倾听受访者的声音，深入理解他们面临的挑战和机遇。我开始尝试将所见所闻与社会学理论相结合，从不同的视角分析这些文化和社会现象。例如，结构功能主义视角帮助我理解传统节日在维持社区稳定和增强群体认同中的作用，而冲突理论则让我思考现代化进程中传统与现代的冲突和融合。

三　成长：调研中的个人感悟

这次调研成为我个人心灵成长和变化的重要旅程。从最初的好奇与困惑到深入理解与领悟，我发现自己不仅在学术上取得了进步，更在个人成长层面经历了深刻的转变。

在与云南各民族的深入交流中，我学会了如何超越语言和文化的障碍，建立起真诚的人际关系。从大理剑川的白族村落到昆明寻甸的“农转居”社区，再到昭通巧家的险峻山村和玉溪新平的傣族村寨，每一站都深化了我对生活多样性和文化丰富性的理解。真正的沟通不仅限于语言的交流，而是心与心的触碰，这使我开始重新审视自己的生活方式和价值观。

这次经历让我深刻感受到云南社会的变迁和多样性，触摸到了社会发展的脉搏。每个个体的故事，每个社区的变迁，都反映出中国乡村和社会的广泛变化。在调研过程中，我发现云南的少数民族文化在现代化进程中展现出了一种独特的共存模式。这些模式包括以下几个方面。第一，文化调适与再创造。云南的少数民族在面对现代化冲击时，通过文化调适和再创造，保持了文化的连续性。以剑川县的白族为例，他们通过举办传统节日庆典、开展手工艺培训等方式，使传统文化在现代社会中得以延续和发展。这样的调适不仅帮助白族文化在现代化的背景下生存下来，还使其获得了新的生命力。第二，现代化与文化融合。在寻甸县的“农转居”社区，回族、彝族人民通过将现代生活方式与传统文化相融合，逐步形成了一种新的文化认同模式。通过宗教活动和社区节庆活动的重构，在现代化进程中重新定义了自身的文化身份。这种融合模式在一定程度上缓解了现代化带来的文化冲突，并促进了社区的稳定与和谐。第三，经济发展与文化保护的双赢。在巧家县和新平县，传统农耕文化通过与现代经济需求相结合，找到了新的生存空间。生态农业和乡村旅游的发展，不仅带动了当地经济，还有效地保护和弘扬了传统文化。这种经济与文化的共存模式，为其他多民族地区提供了有益的经验。这些共存模式展示了少数民族文化在现代化进程中的适应性和韧性。然而，这些模式的可持续性依然面临挑战。现代化进程的加速、外来文化的影响和市场经济的压力，可能导致这些文化共存模式的脆弱性。因此，必须在政策、教育和社区层面提供持续的支持，以确保这些共存模式能够长期可持续发展。对于其他多民族地区而言，云南少数民族文化的共存模式提供了重要的启示。但各地应根据自身的文化背景和现代化进程，探索适合的文化调适和融合方式，以实现文化传承与现代化的平衡发展。同样，文化多样性在促进社会和谐中具有不可替代的重要作用。云南的少数民族通过维护其文化多样性，增强了社区的凝聚力和认同感，这对于社会的稳定与发展至关重要。文化多样性不仅是民族文化的生命力所在，也是社会创新和发展的源泉。

田野调研中遇到的挑战，如语言障碍、文化差异，都促使我不断地学习、适应和成长。我学会了如何倾听、观察和理解不同文化背景下的人们。这不仅提升了我的交流技巧，也加深了我对人类行为和社会组织多样性的理解。更重要的是，这次经历让我深刻反思了个人与社会之间的相互作用。我了解到了年轻一代如何在传统与现代之间做出选择，以及这些选择如何反过来塑造社区的未来。他们并不是被动地接受或拒绝传统或现代，而是根据自己的价值观和利益，在不同情境中有意识地做出选择和调整。

通过这次社会调查，我获得了宝贵的社会学知识和经验。这些经历增强了我作为社会学研究者的能力，丰富了我的人生经验。从繁忙的市镇到偏远的乡村，我看到了个体与社会之间的动态互动。尽管每个社区都有其独特的历史和文化，但人类在追求幸福、面对挑战、维持社区和谐方面有着共通的愿望和努力。

此外，这次调查经历深化了我对社会的理解。作为研究者，我不仅能从外部观察社会，也可以参与和影响社会。这种认识使我更加注重研究的伦理和责任，努力确保我的工作对社区产生积极影响。我也意识到作为一个社会成员的责任，期待今后为社会的发展和文化多样性做出贡献。

所以，这次社会调查不仅是对云南社会的外部观察，更是一次内心世界的深度探索。它教会了我成为一个更好的倾听者、观察者和思考者。在田野调研的每一步中，我学习了从多元视角理解世界，寻找不同社会环境中的共同点和差异，将这些见解应用于更广泛的社会学研究和实践。

这次社会调查让我体验了一系列复杂的情感，从好奇到惊讶，从欣赏到敬畏，再到同情、感激和自豪。这些情感不仅丰富了我的人生体验，也激发了我的创造力和想象力。在与各民族群体的密切接触中，我目睹了多元文化的交织和互动，我被他们对生活的热爱、对传统的尊重以及对未来的期盼所感染。这种多元文化的融合与交流，不仅展示了文化的持久力，也体现了文化的适应性和变迁性。云南少数民族在现代化进程中形成了独特的文化共存模式，通过文化调适、现代化融合以及经济发展与文化保护的多赢，成功应对了现代化带来的挑战。也正是通过深入地观察和体验，我更加明白了文化多样性对于增进文化认同和促进社会和谐的重要性。逐渐地，我也终于开始理解，每个民族、每个人的故事都是这片土地的一部分，他们的生活、信仰和选择共同编织了这多彩云南。

在象牙塔之外

张晓婧

从调查第一天，我提着行李满怀期待地奔向高铁站，到调查完毕，兴高采烈地坐上回校大巴，其实也仅仅过了十多天而已。然而，这十多天对我的影响，简直是不亚于柏拉图所述的走出洞穴。一个上学时长期待在学校，放假时就一直蜗居在家中的学生，突然得到了一个如此宝贵的参与社会调查的机会，她去往田野，去往乡村，去往基层，用自己还颇为稚嫩的视角，窥见了这象牙塔外的一隅之地。本篇笔记，是想谈谈我在这象牙塔外的所见所感，以及调研中收获的种种经验教训。

一　对社会调查的“误解”

参加本次调查的时间正是我从大一至大二的那个暑假。

团队里研究生居多，大多数访问员对于社会调查已经是轻车熟路，而作为刚进入大学不久的本科生，我还是第一次参加如此正式的调查项目。

平时上课时，老师们经常提起去某某地区调研了，带着学生们去某某省甚至是某某国调研了。每当我听到这些话，第一反应就是羡慕。调研，听上去就很高大上啊！而且要去外地调研的话，也算是去旅游了吧。在得到了本次调研的这个机会之后，我才开始认真思考：究竟是怎么个调研法？像我们大学内做的某些大创比赛的社会调查项目，大多也就是在网上发发电子问卷，难道我们也要到当地给人发问卷吗？抑或是面对面一个一个地访问？

在没有做过社会调查之前，大部分人对社会调查存在不同程度的误解。

社会调查绝对不是像我前面说的那样，发个电子问卷，请周围认识的同学填一下便草草了事的项目。首先我们要注意的便是社会调查的随机性。就像我参与的本次中国综合社会调查（CGSS），便是北京总部那边随机抽取家庭，访问员到具体住址后，再由系统随机抽取家庭中的某一成员进行访问，整个过程完全随机，在系统没有抽取之前，没有访问员知道要去哪家哪户，要访问的是男是女，教育水平如何。

电子问卷表面上看起来随机，实际上结果已经具有了某种必然性。就比如，我在朋友圈发出了一份电子问卷，邀请朋友圈的各位填写，也就是说，填写这份问卷的，几乎都是我认识的人，问卷的填写，是围绕我的人际网所展开，这些人不一定是我的朋友，但更多的是和我社会地位相似、生活境况相似、教育水平也差不多的人，他们的三观可能与我区别不大，此时，这份问卷就已经丧失了其随机性与客观性。

另外，社会调查要注重真实性。一份不真实的社会调查几乎没有价值。有些人做社会调查，自己发了电子问卷，自己填了好几百份，这样的问卷数据又有什么意义？

只有在真正参与到社会调查这个过程之后，我们才能真正理解社会调查的本质与价值。事实上，这是一个真正接地气，真正走入群众生活，以脚步丈量每一寸土地的项目。调查是为了更好地服务于人民，就像我们在访问时对村民解释的那样，调查总结出来的数据，对于政府制定和修改政策具有非常高的参考性，正因如此，这种调查应关注最基层、最普通、最真实的情况，我们作为访问员，作为信息的第一接收者，更应该持有一种严谨、求实、科学的学术精神，对自己收集的每一份问卷、每一份数据负责。

二　为何想要参加社会调查

首先，参加社会调查，对于我来说，是一个深入了解社会、接触基层、提升自己综合素质的大好机会。团队里研究生居多，我虽然已经在大学待了一年，但实际上还没有彻底从高中生那种稚气的思维模式中跳脱出来，对于学校外的这个社会并没有非常充分的了解，这次的社会调查让我有机会跳出象牙塔，走进社会，了解社会现实，这对于我以后的学习、工作和生活都有着极大的帮助。

其次，社会调查是一项严谨的科学活动，它要求访问员既要具备良好的沟通能力，又要具备严谨的科研精神。在整个社会调查过程中，我不仅锻炼了自己的沟通能力，也提升了自己的学术素养。

最后，社会调查更让我明白了科研的意义和价值。我们收集的数据，在未来可能会被各类论文所引用，甚至我们自己以后写论文可能还会用到我们自己亲手收集的数据。最重要的是，这些数据还极有可能会对政府的决策产生影响，真正做到造福于民，增进民生福祉，这次的社会调查，使我第一次切身感受到了这种科研活动的价值和意义。

三　信任感与配合

本次调查，我们一行人一共去了四个县，分别是剑川县、寻甸县、巧家县和新平县，由于学校有事，我在调研完前三个县后便提前赶回了学校，没能完全参与本次调查，其实也算是一个不小的遗憾。

我们最先去的是剑川县。对我而言，访问难度最大的也正是这个县。

调查小队分成了两个小组，兵分两路。第一天，第一组访问城里，第二组访问乡下。我在第一组，自然要轻松些。上午很是走运，抽到了一个30来岁的白族姐姐，普通话说得很流利，人也很配合，这一户很快就结束了，比我想象的要顺利得多，因此也给了我一种错觉——社会调查其实也没那么难。

只是到了下午，就没有这么轻松了。在下午这户，我抽到了一位白族的老太太。剑川县白族居民较多，上午我很幸运，抽到了一位会普通话的姐姐，但下午与老太太交流着实让我犯了难，老太太说话时普通话与方言交杂在一起，我只能像听英语听力一样，抠着句子里的关键字，努力分辨出受访老人的意思，再反复确认，如此便大大增加了工作量。

在前往下午这户时，我留心观察了一下这里的房屋构造。首先，不得不说的是，这些街巷里的路实在是非常绕，迎面而来的便是好几个岔路口，且这些岔路口都长得大同小异，长期居住在这里的人走起来必然是没有压力，只是对我们这些第一次来访的人来说，实在是太容易迷路了。若是没有村干部带着我们挨家挨户地前往受访者的家中，我们很难找到确切的住址。

这里的房屋也几乎都是白族人的传统民居，在他们的家中访问时，我不由得在心中感叹这房子的格局真的是很适合养老。放眼一看，大门既复古又气派，每次走在这儿的居民区，总是给我一种穿越到古代的感觉。进入大门，就是他们的庭院，庭院里非常凉爽，通常里头还会种上很多花花草草，再放上个木长椅，没事就在院里闭目休憩，或侍弄下花草，简直不敢想象有多惬意。

下午这户好不容易访问完了，我正收拾东西准备离开，老太太的儿子在一旁对我说了这么一番话：

“你就庆幸你抽到的是我妈吧，如果你抽到了我，你们那些个问题，我是真不想回答。”

“你们有红头文件吗？你们是政府机关吗？没有吧？不

是吧？如果你们有红头文件，或者你们是什么政府机关、公安机关派过来访问的，那我肯定什么都说，对吧，但你们这些都没有，一进来就问一些这么隐私的问题，什么家里收入多少，房产在哪，你说我们怎么能回答啊？”

我放下收东西的手，看着他认真答道：“您可以放心，我们这个项目是非常正规的项目，我向您询问的所有信息会通过这个系统传到北京那边，所有信息都只用于学术研究，绝对不会外泄，对此我们愿意承担法律责任。”

他还是不依不饶：“好，你可以保证你不会外泄，那你把数据传到上面，你怎么知道上面的人不会泄露出去？”

我被他这话给惊住了，一时竟不知道该说些什么。

他见我不说话了，又继续说，话里有些后悔的意味：“早知道你们这个问卷要问这么久，还问些这种问题，我一开始就不该同意。”

当时已经到了饭点，老太太从厨房里走出来，挽留我吃饭，我对老太太说我的组员还在等我呢，又向两人连连道歉，这才背着东西匆匆离开。

事实上，我自己心里也是有些过意不去的。这个问卷很长，耽误人家这么长时间不说，还问了这么多隐私性问题，受访者受不了倒也正常，可以理解。他们也有自己要做的事情，要做农活，要干家务，要做饭，我们作为一个陌生人突然闯进来，打乱他们今天的计划，有怨气、不配合，我也觉得是人之常情，更何况老太太本人其实还挺配合的，这份问卷做得也挺成功。

在访问了农村住户以后，我才感觉到城里人与农村人之间的思维方式还是存在很大差异的。尽管都会有不配合的人，但不得不说我遇到的不配合的人往往是城里人更多，他们不配合的理由往往是问卷中隐私泄露的问题，但是我遇到的农村的受访者没有一人提出过这样的质疑。

对于这一现象，我认为原因有二。第一，城里年轻人更多，对于隐私保护方面更加重视。第二，同样都是居委会或者村委会的干部带我们去受访者家，但是城里人会对我们的信息保护工作进行质疑，我认为这与居民对居委会 / 村委会的依赖感是有关联的。城镇居民在日常生活中其实更多会待在自己的工作单位，“家”更多是一个休息睡觉的地方，只有在周末，“家”才处于主导地位，何况现在加班也成了常态，“家”的作用便被进一步弱化了。而农村则刚好相反，对于农民来说，“家”与工作场所等同，可以在家里种地，可以在家里养羊养牛，对于“家”的依赖度是较高的。而居民对“家”的依赖度，对居委会 / 村委会功能发挥的程度来说是至关重要的，正因为对城市社区中的居民而言，社区就是一个下班回来休息睡觉的地方，居民对社区的依存度不强，注定了人们对居委会的依赖度较低，居委会带过去的我们，也会受到质疑。

同时，配合度不仅仅局限于被访者愿不愿意接受访问，其实也体现在受访者具体的回答中。就怕某些人接受了访问，却在访问中乱答一气，其实也算得上是不配合了。不过谈到回答问题这方面，其实还有一个非常普遍而又很有意思的现象。我们的访问问题中包括询问个人和家庭的总收入，不管是农村人还是城里人，几乎所有人都会把收入往低了报，毕竟我在受访者家里坐着，看一下家里的环境，其实也能大概估计出受访者家中的经济状况，怎么也不会像一些人报的那样低。为什么会存在这样普遍报低的现象呢？我推测，原因有二：第一，万一以后会根据这个访问来发什么补贴，自己把收入报得这么高，补贴哪里还会有自己的份呢？第二，中国有句古话叫财不外露，大概也是怕将收入报高引来有心之人的觊觎，倒不如直接往低了报省事。

四 老人们

在剑川县、寻甸县、巧家县这三个县全部访问完成之后，我发现这三个县一些很有意思的共性。

偏农村的地区，家里几乎是没有青少年的，大部分还有工作能力的人早就已经外出打工了，毕竟打工挣到的钱总是比种地多的，尤其是云南这种多山地区，很难将机械化普及开来，效率与收益仍然不高，大部分年轻人会选择外出打工，家里就留下一对六七十来岁的老夫妻和几个正在读小学的孩子，所以访问对象其实多为老年人。

而这些老年人，几乎都有着一些相同的特征。

首先，这些老人大多六七十岁，都是年轻时经历过苦日子的人。当我问及他们曾经的经济状况、生活状况时，他们会絮絮叨叨地与我说上很多，比如曾经没饭吃，在街上当乞丐之类的往事，听得我亦是心酸。但同样的，这样的絮絮叨叨不可避免地增加了访问的时间，我也渐渐学会在他们讲的过程中及时打断，将访问拉回正轨。

其次，他们文化水平普遍不高，能认字写字已经相当不错了，大部分人都是文盲，哪怕是上过小学的一般也在一二年级就辍学回家帮忙了，小学毕业的可谓凤毛麟角。因此，问卷上的某些问题便会非常难以推进，像我后面遇到的一户，前面一些关于老人家自身信息的问题答得还比较顺畅，但到那些考察社会态度的问题时，访问过程开始变得非常艰难，她的态度也渐渐变差，“我没读过书，我不知道啊。”“问我一个没读过书的干什么，去问别人吧！”最后，无论我如何劝导，如何解释，她都不愿再回答我任何问题，最后我不得不换了一家，这种就算是中途拒访了。

当然还有另外一种情况，就比如“民主就是政府要为民做主，这个说法您是否同意？还是不同意？还是不知道？”这个问题，事实上，我能感受到他们绝大多数人并不明白这个说法的真正含义，但是，真正回答不知道的人却不多，大多数人一听到“民主”“政府”“国家”“选举”等这些词，都会回答“同意”。他们其实并不是同意这个观点，他们同意、拥护的其实是政府的领导，他们听不懂问题，但他们会捕捉问题中他们能理解的词语，最后给出肯定的答案。

这不由得让我感叹我国民族凝聚力和认同感建设事业的发展与完备。正是因为从前有过苦日子，今天这种吃饱喝足后没事就在庭院里发发呆、四处遛遛弯的生活在老人的眼中才显得如此难能可贵，也足以可见我们的乡村振兴已经取得了一定的成果，农村老人对于政府的信任感、对生活的满足感大大提高。

最让我感动的是，老人家们个个都是非常好客的，几乎我访问的所有老人家都会邀请我留在他们家吃饭。在我极力推辞后，他们也会硬塞给我一点东西，比如几个李子或小蛋糕什么的，让我在心中感叹这里民风的淳朴。

五　社会调查的艰辛

还记得有一次，两个小组去的都是农村，我们先是坐了很久的车才到了目的地，一下车我便感觉有些不舒服，一看才知道，原来这里的海拔在 2500 以上，让本就在车上晕车的我有些反胃，幸运的是一天访问下来，待久了也就适应了。

当我访问完，已经将近晚上 7 点，天还没完全黑，我一个人开着导航，走着山路回村委会。来的时候是村干部带着我们一户一户去受访者家中，官方给的住户信息都已经很老旧了，没了村干部，我们压根找不到受访住户，然而村干部人员有限，我们七八个人就跟着一个村干部，找到了一户，就去一个访问员访问，其他人继续跟着村干部走，所以越晚开始访问的人走的山路越多。那位年龄稍大的村干部在前头健步如飞，我们几个大学生在后面气喘吁吁，看着村干部的背影，我顿时在心中对这些基层村干部充满了敬佩，他们大多数其实也年龄不小了，腿脚却依然相当利索，走起山路爬起坡来也完全不含糊，可以想象他们平时工作应该也是这样忙上忙下的，当真是辛苦。

走得越高，所见也越发开阔。这里的景色颇有苏轼笔下“但远山长，云山乱，晓山青”之意趣，我打开手机，匆匆忙忙拍了张照，又赶紧跑着跟上前面的人，山路很绕，我生怕一不留神，就剩我一个了。

图 1　走山路时拍下的山景

张晓婧2023年7月摄于大理白族自治州剑川县

前去访问的路上我们只需要跟着村干部爬一个又一个的大坡，但访问结束后自己一个人回去这件事对我来说难度还是很大的，哪怕是开着导航我都走岔了一次，当时大概是晚上7点左右，天色渐渐暗了下来，独自走山路这件事对我来说当真是瘆人，所幸最后找到了来时的路，顺利回到了村委会。

社会调查是很吃苦的一件事。在出发前，罗老师已经就这点和我们强调过了好几次，我也做好了充分的心理准备，但我不得不承认，这个调查比我想象中还是要累很多。在调查中，耗时最长也最让人疲惫的就是两件事，访问和坐车。前面所说的让人身心俱疲的中途拒访只是个例，故先按下不谈。访问环境也并不乐观，特别是在乡村，家里常常养有牛羊一类的牲畜，苍蝇蚊虫在我耳边嗡嗡直叫，一次访问下来，能被咬好几个大包。前往访问的途中，亦相当令人疲倦。首先是坐车，坐着大巴或的士，一路颠簸前往目的地，对于我这种有些晕车的人简直就是折磨。印象最深刻的是去巧家县的一个村，那时我才真正理解到“走出大山”这件事有多么不容易，还记得我们绕过了很多很多座山，车程将近两个小时，山路非常崎岖颠簸，在车上想睡觉也没法睡，因为随时都会被震醒，我行李箱的轮子在一路颠簸下被震掉了一个。不知道在从前交通不发达、道路还不完备的情况下，里面的人是如何同外界打交道的，他们每一次出来要耗费多大的心力！村里若是想出一个大学生，该是何其不易！

六　经验教训

在写下本篇报告时，调查其实已经结束了半年之久，但我依然时不时地想起调查中遇到的人或事，以及自己所犯下的种种低级错误。用现在流行的网络用语来说，是每次晚上想到这些错误，都会想从床上爬起来扇自己几巴掌的程度。所以写这一部分，也是希望有像我一样第一次去社会调查的小白能看到，千万莫要重蹈我的覆辙。

首先，在社会调查的过程中，要学会灵活应对每一个意外状况，不能太过死板，也就是我们平时常说的，学着机灵点。这并不是说要不严谨，严谨和死板完全是两个概念。严谨是严谨对待每一份问卷与数据，对自己收集的每一份问卷负责，而避免死板，则是在访问过程中应该灵活应对。举个例子，前面我也有提到，就我访问到的受访者来说，在部分发展较为缓慢的地区，大多数上了年纪的老年人几乎都是小学未毕业就早早辍学，生活中更是极少接触电子产品，对问卷中的一些问题几乎是完全不能理解。这种问题不仅仅局限在政治层面，日常生活方面的问题也是如此，我记得很清楚，有一个问题是询问受访者对网友的信任感，我本来以为这种问题会进展得很顺利，没想到居然在这里卡了壳。受访老人完全不能理解“网友”的概念，她根本不上网，娱乐活动就是看看电视听听歌，这种时候，我们绝对不能一味地死板地照搬书面问卷来提问，必须学会用更通俗更接地气的话来询问受访者，否则访问将无法继续推进。

其次，尊重受访者。尊重包括很多方面，在我看来，最重要的便是尊重受访者的身体状况。受访者很多都是老人，身体不似年轻人那样强健，我们这个问卷整个做下来，快则一个小时，慢的要两个多小时。访问过程中，访问员要留意老人的身体状况，如果老人出现疲惫、头晕等症状，就应该立刻暂停访问，让老人休息一段时间，调整好状态之后再继续，这是对受访者最基本的尊重。

再次，访问员需要尊重受访者不配合的权利。在正式调查前，我们所有访问员都受过系统的培训，明白受访者在拒绝我们访问时应该给出什么样的回答以及如何说服他们的具体技巧。但是，我们始终要明白，不管怎么样，受访者其实是没有义务配合我们访问员的访问的。他们也有自己的生活，我们这一个多小时的访问，可能耽误了他们的劳作，耽误了他们的探亲，打乱了他们那天原有的计划，所以，在受访者拒绝访问或者中途拒访时，我们不应该对受访者产生不良情绪（至少不应该在受访者面前表露出来）。

最后，尊重受访者对我们访问员的配合。对方配合我们做完了一个如此长的问卷，耽误了人家这么多的时间，不给人点补偿也说不过去。这也是我认为我们本次调查存在不足的地方。有时耽误了人家的正事，我都是心怀愧疚地离开受访者的家，也没能给他们留下些东西或者礼品什么的，反而他们还会给我塞些果子之类的小东西。等我到了大二，在听老师讲到社会调查也讲到了这一点。人家没有配合我们的义务，但人家既然愿意配合，我们自然也应该回馈对方一些小礼品，比如说一箱牛奶这样的日常用品，但送这些小礼品也有讲究，比如送了 A 家两箱牛奶，只送同村的 B 家一箱牛奶，这样就非常说不过去，两家隔得近，到时候在村里一聊，得知你家居然有两箱牛奶，我家只有一箱，心中必然会不是滋味，寻思着这些来访问的人怎么还区别对待了呢，对我们这种访问员的印象就这样变差了。

昔日，我对农村生活认知模糊，直至此次社会调查，方使其形象具体化。诸如那天，调查途中，我访谈于柴火堆侧，受访者之妻则在旁劈柴烹饪，满屋弥漫洋芋之香；那天，受访老人满头大汗自田间赶来，访谈结束后又携农具重返劳作之地；那天，访谈结束，我与引领我们访问村民的村干部交谈，方知基层干部生活之艰辛与挑战性……

很荣幸自己在大一至大二的暑假就有这样的机会参加了一个如此重大而有意义的项目，感谢罗老师给了我一个如此珍贵的机会。在今后的日子里，我希望能继续参加类似的调查项目，既希望能在社会调查中不断开阔自己的视野，也希望能为偏远地区的人们带去一些帮助，让他们不再如此辛苦。

第三编　思想之种

——在知与行间播种

以平静之心调研，以利他之心勤勉

房玉泽

引　言

寻道在田间地头里，问计于寻常百姓家！调研于我而言一直是心之所向，此前在贵州、福建上学时，常独自或同挚友主动申请到周边乡村、产业园和示范点等地方参观学习，从此心中埋下关心发展的种子，去其他地方旅游、学习调研时亦会花大部分精力去了解当地民生状况、资源禀赋、发展状况及未来规划等，内心迫切想知道所到之处的前世今生及未来走向。但遗憾的是，此前由于缺少调研、调查的专业训练，自己所谓的“调研”更多只是走马观花的浏览速记，增加了些难以转化为成果的感性素材罢了，在形成报告、助力研究和指导实践方面欠些火候。

见天地，知敬畏；见众生，懂怜悯；见自己，明归途。我一直认为调研是认识世界、认识自己并学会与他人、与世

图 1　房玉泽昭通巧家金沙江畔调研纪念照

陈瑞雪 2023 年 7 月摄于昭通市巧家县金沙江畔

界相处的一条很好的途径。从学习和工作角度来说，通过调研，我们能够掌握第一手资料，增加对人、事、物的感性认识并积累成做研究、谋发展的理性经验，提升以工作为中心的专业能力、以人事为中心的社会能力、以理论为中心的概念能力，努力成长为复合型拔尖创新人才，为现阶段的学习研究和未来的社会实践打下坚实的基础。从自身修养角度来说，读万卷书，行万里路，调研的过程就是我们走向自然、接触社会，了解各类群体生活状况、心声愿望和社会运行规律的过程，同时也是我们探索社会、改变自我并最终成为自己的过程。也正是出于这样的向往，我参加了本次中国综合社会调查（CGSS）云南项目。这也是我人生中第一次深入基层的正规调研，到访了大理剑川、昆明寻甸、昭通巧家和玉溪新平的 14 个村（社区）。总的来看，这次调查比较苦，但由于有较好的心理建设和一些志同道合的伙伴，我的心态比较平静，没有太大的起伏。其中感受最深的是基层工作不容易；其次就是，所到之处既有不同也有相似。不同之处在于各地历史渊源、基础情况、人文特点、习俗习惯、资源禀赋和发展路径等各有不同。相似之处有三点：一是基层人民生活不容易，但充满人间烟火气；二是人民群众生活水平近些年大幅提升，但一些地方仍面临地理位置偏远、自然资源匮乏和发展路径难寻的困难；三是各个地方都主动融入并服务于全省发展，都锚定云南省委“3815”战略发展目标并因地制宜落实“三年行动”系列部署安排，尤其是在昭通市巧家县调研时，当地以建设湖滨美丽城市为目标，紧扣“一面山、一江水、一座城”的特色规划，不断谋求发展的韧劲，让我印象深刻。

这次调研，我们一共到了4个县的14个村（社区），我一共访谈了22户人家，跟10多位县乡村干部有过深入交流。而后，趁着假期，我还到了云南的普洱、文山，贵州的贵阳、铜仁，浙江的宁波、台州和杭州，以及福建（线上访谈）等地，东西、城乡的对比反复刺激着我的大脑，促使我将自己关于基层、发展、调研的粗浅思考写在这里。

一　要扎根边疆、了解基层、向实求学

基层是最好的课堂，实践是最好的教材，群众是最好的老师。作为一名出生在边疆民族地区，在中东部求学成长又

返回边疆求学的学子，我对扎根边疆这个词有着天然的亲切感，但我认为的扎根边疆不是故步自封的固守边疆，而是以创新、发展的态度在学习先进中扎根基层、建设边疆。在这次调研中，我对云南有了新的更为全面的认识。

首先，七彩云南地大物博，未来可期。我们所到的大理剑川、昆明寻甸、昭通巧家和玉溪新平分布在滇西北、滇东北要冲、滇东北和滇中偏西南区域，相距较远，各有特色且丰富多彩，为我们初步感受云南风土人情、了解省情提供了很好的机会。其中，大理剑川位于滇西北，是大理州连接丽江和怒江、香格里拉进而进入川藏的门户，这里崇文重教、钟灵毓秀，以云南文明之源、南诏石窟胜地、中国木雕之乡、白族文化宝库、滇西革命摇篮、生态旅游乐土“六张名片”著称，是我国西南人类聚落发展的重要见证，其“一城、一片、一环、三轴”形成了剑川历史城区的格局，与周围环境呈现“山—城—田—湖”有机共生的地方特色，有着丰富的白族文化习俗、木雕非遗手工和旅游文化资源，发展潜力巨大。昆明寻甸回族彝族自治县地处滇东北之要冲，居住着汉、回、彝、苗等多个民族，少数民族人口较多、民族文化繁荣，在民族团结、乡村振兴方面具有示范作用，是“全国民族团结进步先进县”。寻甸具有光荣的革命传统，红军长征两次经过这里并播下革命火种，留下“抢渡金沙江”“六甲之战”等著名事迹。寻甸农业尤其是畜牧业发展颇有特色，我们所到村寨大多以种植业、畜牧业为主，人民勤劳，安居乐业。昭通市巧家县地处滇东北、金山江畔，巍巍青山数不尽，潺潺碧水流不停，“山间小城如画卷，云雾缭绕似仙境”的意境让人流连忘返，白鹤滩水电站带动一方发展，水果、桑蚕、能源等主导产业正引领巧家高速发展，金沙江畔生机勃发，巧家人民热情好客。玉溪市新平彝族傣族自治县位于滇中偏西南地区，生态环境优美，是“中国天然氧吧”，素有“滇中绿宝石”“花腰傣之乡”美誉，各民族在这里毗邻而居，共同构筑起原生态的民族文化，哀牢山上褚橙产业带动一方百姓脱贫致富，炎炎夏日，农忙时节一片收获景象，让人印象深刻。

彩云之南，美丽的地方。要相信，每一个地方、每一寸土地都有属于自己的故事和未来发展腾飞的希望！

其次，云南农村发展迅速，但高质量发展仍是重点。我们调研的地方基本都是农村，这十多个乡村的选取是由中国人民大学中国调查与数据中心以随机抽样方式完成，所以它们一定程度上能代表和反映云南农村的一些基本情况。从老百姓口中得知，在党的坚强领导和脱贫攻坚、乡村振兴等政策帮扶及自己的艰苦奋斗下，农村的基础设施建设、老百姓的生活水平都已经并将持续得到提升，但我们还要看到发展空间、找准发力方向。这次调查中有一组数据我印象特别深刻，当问到村民每周工作时间时，他们的回答淡定也有些无奈，以下是根据其中一位村民的回答整理：“这个工作时间我们的回答可能和你们预想的答案不太一样，因为我们在农村种地的和那些城里上班的人不一样，他们的工作时间基本固定，每天八小时、周末双休。但我们在农村呢，自己种地，家里还养着猪牛羊等牲口，没办法，必须得时时刻刻劳动，一般就是早上一大早起床就去地里干活，中午回来吃饭，喂猪，休息下，就又接着出发，晚上一般快天黑才回来。每天都是这样的生活，风吹日晒一样过。”

调查当中，村民对这一问题的回答除极少数家庭条件很好和身体残疾的之外基本趋于一致，可见当下农民的生活还是非常辛苦。究其原因，经济基础决定上层建筑，农业工作收入低、山区农业发展难度大是主要原因，农村基本公共服务有待完善、精神文化生活质量较低是重要因素。因此，我们还要努力实现农村基本公共服务均等化、提升农村人民生活水平和生活质量。各行各业各领域都应关注“三农”，服务“三农”，及时补齐农村教育、医疗卫生、社会保障等民生领域短板，加强精神文化产品供给，着力提升人民生活品质。对我们研究生来说，要将研究做在田间地头、群众之间，思想扎根在祖国的大地上，为推动农业农村高质量发展、建设农业强国凝聚力量。

再次，人民群众是淳朴与善良的，也是最很有智慧的。在这次调研中，有几位村民让我记忆犹新。在玉溪新平有一位 60 岁左右的奶奶，当问到对“有的人收入低、有的人收入高”这一问题的看法时，她义愤填膺地说：“有些人就是懒，就是不肯动手。在我们这里，只要你肯吃苦，周边就有褚橙庄园，新平也有能打工的地方，但凡不懒的人，都能过上好生活。虽然我 60 岁了，但也不糊涂，我始终认为人还是要勤劳，要靠自己的双手致富，不能等靠要，这是不行的，不能给国家添负担。”

这位奶奶让我深受启发，不管身处何方，勤劳、善良始终是人应该坚守的品格。于我们而言，青春因磨砺而出彩，要始终保持奋斗精神，在艰苦的学习生活实践中磨炼自己，服务他人。

在巧家县白鹤滩镇杨家湾村访谈时，我独自徒步半小时山路到山脚下的大叔家，初到家门，映入眼帘的是下雨后被牲口踩踏泥泞不堪的小路和家徒四壁的黑屋子以及几平方米堆满小鸡粪便的院子，院子里坐着大叔夫妻俩，头发比较凌乱。我很客气地跟他们打了招呼，并做了自我介绍，征得访谈同意后，大叔说这里不好坐，带我去他儿子的房子里坐。访谈中大叔精神状态很好，每个问题都回答得非常认真，声音很洪亮，让我非常动容的是，访谈伊始时，我说："大爹，我想提前跟您做个说明。我还是个研究生，全国范围内做一个了解老百姓生活、健康、收入和心声愿望情况的访谈，这次调查只是想了解你们的基础情况，供后续的学术研究和实践参考。没有什么能直接给到您的扶贫项目，希望您理解！"

与一些抱有等靠要思想的村民不同，大叔很友善，他说："没有关系的，我们条件虽然不好，但也不是只会等靠要的人，我们是靠自己奋斗的。你们的工作很有意义，我支持你们。"

访谈结束后，大叔的小孙子帮我跟他照了张照片。走时，我对大叔说："大爹，你们加油，把日子过好！"而后，他们一家送我到门口，他家在接近山脚的地方，我沿着山路走了很长一段，坡陡山高，有些难爬，但若隐若现的金沙江轮廓和他们脸上洋溢的笑容让我不禁嘴角微扬。还有一个放在山路上的背篓，成为我这次调研素材中最重要的一部分，我将它放在了本文结尾，意为："站在山间看远方，这何不是远方？"

图2　房玉泽与受访农户合影

农户家人2023年7月摄于昭通市巧家县农户家中

这次调查是我跟老百姓深入接触的一次经历，在这次调查中，我对走访的基层百姓的生活状况、心声愿望有了一些认识。党的十八大以来，以习近平同志为核心的党中央坚持把解决好“三农”问题作为全党工作的重中之重，发展仍然是第一要务，百尺竿头，更进一步，我们要继续巩固脱贫攻坚成果、全面推进乡村振兴。

最后，我认为基层是最好的实践课堂。因为本次调研接触的大多为基层工作者，交流中对基层工作多了一些真实的认识。基层党组织是党的肌体的“神经末梢”，是贯彻落实党中央决策部署的“最后一公里”，党的路线方针政策最终要通过基层党组织来落实、完成、检验。在调查中，我深刻地感受到基层党组织“神经末梢”的作用，当谈到基层工作，人民群众和基层干部对“上面千条线，下面一根针”的比喻普遍表示非常认同，几位村支书都提到现阶段村里面脱贫攻坚与乡村振兴的有效衔接是主线任务，其中预防返贫需要定期走访就是一项工程量巨大的工作，监测完毕后要采取相应的措施进行帮扶，正是这样精细化的工作巩固了我们脱贫攻坚的成果。其中一位村支书告诉我："乡村振兴中产业振兴是第一位的，我们这边的乡村普遍存在村集体经济薄弱问题，自然资源禀赋差、没有产业基础和人才流失严重这些问题给工作增加了很大的难度，我们现在尝试在培育个体经营主体、发展壮大集体经济方面做出努力。另外，上面的各项政策都需要我们传达落实到每家每户，工作非常辛苦，但也值得！"

是的，基层工作量很大，工作很辛苦，但也是最好的课堂，是练就过硬本领、服务人民的大舞台。

二　区域发展差异较大，边疆发展路在何方

改革开放40多年来，我国现代化建设取得了举世瞩目的成就，沿海地区现代化建设卓有成效，西部地区和广大农村地区由于地理区位条件、自然资源禀赋等因素的限制，发展较为滞后。随着我国迈上全面推进中国式现代化的新征程，促进城乡融合发展、解决发展不平衡问题、实现共同富裕成为当前重要任务。

首先，地区发展不平衡问题依然突出。在调研和学习过程中，我明显感受到两个差距：一是发达地区与欠发达地区在交通、公共服务、人民的生活质量方面存在较大的差距；二是城乡之间经济收入水平、健康幸福指数和生活便利程度也存在较大的差距。随着城乡协调发展不断推进，这种差距

会慢慢消除。

其次，想简要谈谈自己对发展的看法。或许是因为本科学的是管理学和商科，我一直对“发展”二字保持高度敏感。在经济社会发展处于较低水平阶段时，发展是破解各种经济落后所致问题的制胜法宝，如果有比它更好的方法，那就是加快发展。对于现阶段边疆民族地区和广大农村地区而言，在安全、稳定基础上，第一要务仍然是发展，发展实现致富、发展提升品质、发展促进稳定。

发展需要诸多要素，最核心的是产业和人才。我的脑海中经常会闪现出“产业发展”这个关键词，并一直隐约有一种“产业是发展的根基，是推动经济高质量发展的引擎”的直觉，当然，我对产业的理解并不是偏执地以发展产业为中心，而是要根据各地各阶段所面临的主要矛盾进行分析。当经济水平处于较低阶段时，产业就是致富的法宝，能够激发当地内生发展动力、整合多元发展要素、创造经济社会效益、改善生产生活条件。

要想实现产业高质量发展，人才是第一位的。发展最终要落脚到人才问题上，从深层次来看，人才对发展具有催化和引领作用，能够精准把握地方情况、找到适合地方发展的路径并充分整合利用多方资源，盘活资源要素，助力发展。

所以，幸福是目标，发展是途径，产业是根基，人才是支撑。

最后，探讨边疆地区发展路在何方。边疆发展既要从整体上融入国家治理整体格局，又要结合地方历史文化底蕴、自然资源禀赋、区位交通条件，进行差异化探索。比如，近些年来，云南提出“3815”战略发展目标，以“三个定位”融入并服务国家治理大局，充分整合民族团结进步资源，建设全国民族团结进步示范区，持续挖掘自然资源禀赋，争当全国生态文明建设排头兵，持续发挥沿边开放区位优势，畅通国际大通道，构筑开放新高地，打造区域中心，但也要看到，云南工业基础薄弱、产业结构不完善等问题是导致发展基础较弱、内生动力不强的重要原因，应当抓住构建新发展格局的重要机遇，在承接东部地区产业转移、促进更多生产要素聚集、优化产业结构和区域布局等方面下功夫，强化自身产业链、供应链竞争力，内外兼修，促进一二三产业均衡发展。

三　调研要唯实励新，力戒形式主义

1930 年 5 月，毛泽东为了反对当时红军中存在的教条主义思想，专门写了《反对本本主义》一文，提出“没有调查，没有发言权”[①] 的著名论断。90 多年过去，这一论断仍被广大干部群众视为真理，并在实践中不断检验。说起调研，经过这一次与老百姓的深入接触，我也有一些想法，我认为好的调研至少要做到以下几点。

第一，要以受众为中心，对群众负责任。充分尊重调研对象的意愿和权利是调研该有的基本态度，调研过程中不同的人会有不同的诉求，对于初次调研的我来说，这些不同颇有启发意义。本次调查中，有次差点中途访问失败的经历令

① 《毛泽东选集》第一卷，人民出版社，1991，第 109 页。

我记忆犹新。一个50多岁的大叔，当我问到家庭子女情况和对性行为的看法时，突然暴躁起来，厉声说："你们这个调查没有任何意义，我不愿再接受任何调查，请你回去。"顿时给我吓住了，不理解为何大叔会有如此大的反应。我并没有立即离开，想到肯定是问题本身或我的表达方式不妥，我诚恳地道歉，并再次解释和说明调查的目的、意义和用途，大叔慢慢表示接受，也说明了他的情况，他们家庭境况不太好，压力较大，过得不算幸福，他还说这样的调查每年都会来，但也没给到什么实质性的帮助，所以内心有气。类似的案例，我们其他的小伙伴也有遇到过。总的来说，我认为，访谈中首先要有同理心，人都是有感情的，面对不同的人，我们要学会共情、换位思考，提升以人为中心的社会工作能力。其次要尊重对方隐私，真诚和尊重才会赢得持久的信赖。

第二，要带着真心到基层，高效率做调研。调研中要接地气，而不是为了宣传而摆拍、作秀，这样的方式只会让人寒心。开展调研是一项"一荣俱荣，一损俱损"的大工程，所有的调研者都应以谦逊之心，请教百姓，问计于民，方能用每个人的实际行动去建立、维护和加强调研在老百姓心中的美好形象，让群众认可调研、支持调研，并从调研及其成果中有所获得，为后续开展高质量、可持续的调研打好群众基础，着力形成各行各业各领域良性互动的调研氛围。另外，不管是在城市还是在农村调研，都要充分珍惜调研时间，运用好调研地点和调研对象的文化资源，最大限度地了解国情、民情，寻道在田间地头，问计于寻常百姓，并尽己所能，将其转化为有价值的学术研究和可运用的发展良策。

第三，“不要轻易调研”。“不要轻易调研”不是不调研，相反，是为了更好地开展高质量的调研。首先，要回归源头、摆正态度，立志做高质量、可持续发展的调研。此次调研中发现，乡村干部工作负荷较大，除了要完成日常工作之外，现在接待各式各样的检查和调研变多了，有些村委会几乎每周都会接到几次调研，还有些农户家里也是每年都被调研，同样的问题每年问一遍，有些问题不仅不适用农村情况，还会一定程度加大农民的生活压力和基层干部的工作压力。我们的人民群众都是很忙碌、善良的，对于我们提出的大部分调研需求，他们都会配合、支持，但势必要为之付出时间和精力，低质量调研很容易造成不好的体验。非必要不调研，一旦调研，就要做好充分准备。其次，要提升调研成果的转化率。以终为始，方能始终，合格的调研要始终紧密围绕调研目标、服务调研目标，进而让调研目标惠及更多人。现在针对农村的调研主要有学术调研、工作调研，其目标都是充分了解基层情况、挖掘乡村潜力、找寻乡村发展路径，进而促进乡村振兴。调研之后要对调研得到的材料信息进行充分整理、分析和使用，提高使用效率，更好地服务于学术研究和治理实践，更好地造福于群众。如此，形成良性循环，应是调研的行之所向。

总的来说，这次调研获益匪浅。

没有真正用心走过的经历，很难真的理解，也很难做到真正的换位思考。今后，更应永葆谦逊，脚踏实地，积极进取。

我爱这大好的河山，爱这质朴的人民！

以平静之心调研，以利他之心勤勉！

图3 访问途中所遇的背篓与远方

房玉泽2023年7月摄于昭通市巧家县杨家湾村

田野调查中的关系哲学

方文丽

引　言

中国人讲关系，在中国做社会调查也得讲究关系。董晓萍在《田野民俗志》一书中提出了“田野就是关系”[①]的观点，田野关系的重要性不言而喻，田野关系会直接影响你搜集的田野资料和得出的研究结果。那么，什么是田野关系？田野关系包括哪些？应该怎样处理田野关系？本文粗略谈一下本人在本次田野调查中的所见所闻、所感所悟和所思所想。

参加中国综合社会调查（CGSS）回来，没休息几天就去实习了，罗老师让我们整理调研感悟，说实话一开始我有点不愿意，回来后总感觉觉睡不够，一天睡 10 个小时都还困，加上实习地点在社区，工作烦琐，一会儿出去捡个垃

① 董晓萍：《田野民俗志》，北京师范大学出版社，2015，第 183 页。

圾，一会儿来个人需要帮助处理社保卡事宜……板凳都捂不热，刚写两句话就要出勤。只有晚上，才有集中的时间来整理一下调研感悟。

调查中国社会，云南这个地方总要走一走的。我老家在安徽，之前假期有跟着团队去阜阳、亳州等地的农村开展调查工作，云南和安徽还是不一样的。在昆明待了快一年了，我还是不太习惯这边的吃食和语言。说到语言，这次去的几个农村社区，说普通话的很少，尤其是上了年纪的老人家，对我这个“外乡人”来说，沟通交流起来还是比较困难的，好在团队里有不少云南人帮着“翻译”。印象比较深刻的是在云南大理的一个村子里有很多白族的婆婆只会说白语，不会说普通话，沟通很困难。所以在中国乡村做调查，语言的难关得过，然后才能和当地人打交道，建立信任关系。边疆地区的调研工作更是如此，边疆地区地形复杂，少数民族众多，语言难免会难以理解，对于边疆研究者和工作者来说，要多在语言上下功夫。再一个，边疆的调研工作对工作者身体素质要求极高，大巴车刚开到山上，我就开始出现耳鸣和呼吸困难等症状，罗老师说我脸色发白，应该是缺氧了。边疆地区交通不便，这段时间在高铁、大巴、出租车之间来回换乘，加上工作原因导致饮食不规律，身体实在吃不消。这一点在李安宅先生的《边疆社会工作》一书中有提及，李安宅先生强调了边疆工作者需要有强健的体魄[①]，这次可算亲身体会到边疆工作的不易。做边疆研究工作的人都应该去看一看李安宅的《边疆社会工作》，除了能够学习到其在边疆

① 李安宅:《边疆社会工作》，河北教育出版社，2012，第40—42页。

调研和实践的经验知识，还能够体会那时候调研工作者做研究的精神，对自己的工作有所鼓舞。

今天，我主要想谈一谈调研过程中“关系”的处理，因为我是学社会工作专业的，要经常与人打交道，说实话，我的专业知识学得也不太好，所以也不存在什么专业性的理论基础，也就简单和大家谈一谈在调研过程中对中国的人情社会以及人际关系的一些看法和体会。

一　团队成员之间的互助关系

本次调查中我主要负责督导的职责，我之前没有督导的经验，本来是有点慌的，怕自己做不好连累团队，好在我带的队有罗老师坐镇，这让我安心不少。团队里另一位督导员是我的同门，但是由于我们分属不同学院、专业，在不同的校区学习生活，之前打交道也就比较少。这次调研，我和她基本[①]都住在同一个房间，因为这次从培训到调研一二十天的相处，也让我有幸和这位同门熟识。

这位同门有一些督导经验，之前在中国乡村社会大调查的团队里也是负责带队的，所以有很多事情我都需要向她请教学习。每天晚上回到住处，我俩都会分享一些一天的发现和趣事，聊到开心的事一起哈哈大笑。在遇到她之前，我一直认为我这个人算比较急性子和暴脾气的，但是和这位朋友相处下来，我发现我的性格相较而言就显得更为温和些了。

① 加上“基本”是因为奔波在不同地区，两个队有时候会分别在不同地区住下。

好在我们二人性格都较为直爽，有什么说什么，所以在工作中就算遇到矛盾和冲突也都能及时化解。

这次调查我们的方案是分成两个队，同时在一个县两个不同的村做调查，所以两边的进度需要两边的督导员及时沟通调整。有时候有些社区比较特殊，会存在村改居后大量人员搬离的情况。北京给的名单和地图还是好几年前的数据信息，名单里有一些人已经逝世。所以，有时候有的社区会存在难以按名单进行调查的情况，这时候需要另一边的团队分担一些任务量。不幸的是，我们就遇到了这种情况。我带的团队分到的一个社区由于特殊原因可能做不了调查，这就打乱了我们原先的工作计划。好在罗老师及时和北京总部沟通，最后的解决方案是把任务量分到其他社区。我不知道那个同门是如何在大家原先的任务量已经非常重的情况下又给大家增加了任务量，并且还能保质保量完成。我很好奇；难道大家都没有怨言吗？晚上回去，我就问同门是怎么做到的。她说："怨言肯定是多多少少都会有的，但是由于平时我就给他们下了'死任务'，每天每个人都必须要完成自己的工作量才能回来，所以就算辛苦，也是大家一起辛苦，没有人闲着，我也是一直陪着大家的。"这一点我和她的做法不同，导致我的团队会有些人工作效率比较高，做的问卷份数也就比较多，而有些人工作效率比较低，做的问卷份数也就少一些，而这个工作量的多少，我一般不太在意个人的完成程度，只会控制一个总的量，想让大家早点完成总量早点收工。所以，如果我需要给大家增加任务量，估计很难像她那么容易。

因为我缺少督导经验，也遇到难以开展调研工作的社区，所以有很大一部分工作量都分到了另一个团队的头上，我对此感到十分抱歉。回去后那位同门朋友不仅对我没有任何怨言，还鼓励我去尝试一些新的工作方法，以提升督导效率。

除了和督导员之间存在互助关系，督导员和访问员之间也存在紧密的联系。之前听说其他团队的督导员基本都是博士生，所以带队的时候会相对容易些。为什么这么说呢，这就要说到我们中国的大学生会天然地对学哥学姐产生“敬畏之情”。我和那位同门都是硕士生，团队里的访问员也大多是硕士生，有少部分是本科生，而硕士生里面还有几人比我们年级高，是我们的学哥学姐。这时候，团队就比较难带，不是说会有学哥学姐“摆架子”，而是前面提到的会“天然”地心生“敬畏”。我仔细想来，这也许是中国人传统里的“尊师重道”，学哥学姐作为“前辈”，会承担一些传授知识技能的职责，从而受到学弟学妹们的爱戴。

回归正题，因为大家年纪相仿，也有些比我年纪还大一些，所以我一开始就打算采取民主式的带队方式，好在我的团队里大家都非常团结，相互配合，所以能够顺利完成工作。当然，我觉得还是要根据自己团队的特点来选择合适的带队模式，虽然我在开展调研工作前和各位访问员并不熟悉，但他们基本都是来自云南各个大学的学生，在一起集中培训的过程中，我和那位同门就在观察各位访问员，分配队员时，我同门就主动提出可以把几个个性突出的人分到她的组，因为她有一些带队经验，能够及时处理突发状况。所以，我的团队里基本上都是一些比较合群、善于团队协作的组员，这也就为我实行民主式的带队模式奠定了基础。

培训时，总部就表示这次督导员的主要职责在于陪访，这种陪访的过程不仅能够提高访问员访问的质量和效率，还能够使督导员与访问员建立联系，促进二者之间的交流。这次调查过程中，除了一次身体不舒服，我基本都是随机跟着访问员在外面跑访户。在陪访的过程中，能够及时和访问员交流问题，给出建议。在陪访的过程中，我需要不断地回复其他访问员的微信信息以及电话，及时地处理各种突发性的情况。主要是把保证访问员的安全放在第一位，在此基础上适当地提高访问员的工作效率。团队里的女生比较多，村干部把她们带到访户家里就要离开，然后带其他人入户，我要保证让各位组员能够及时地联系到我，我把各位访问员的微信都置了顶，手机铃声也开到了最大，如果访户家里只有男性，访问员又是女性，我会尽量陪同访谈全程。

说来惭愧，我有时候想去接应各个女生，然后会行走在各个访户之间，云南的大多数村子在山里，山间的小路不好认，加之存在高低落差，导航这时候就不灵了。有时候我刚走过的路就忘了，有一次刚安顿好访问员 A，想去看看之前路过的另一位访问员 B 的访问情况，结果刚走出来绕了几个坡就找不到访问员 B 所在的访户，然后还找不到访问员 A 所在的访户。最后，我在原地等着访问员结束了过来接我……看来要做好督导员的陪访工作，记路认路也是非常重要的一点。在陪访过程中，我也逐渐和各位访问员熟悉。

团队里的访问员之间联系更多，在工作时的交流也更多。有些人是相互认识结伴报名的，还有的原来就是同班同学，我是不反对熟识的人在团队里一起工作的，只是在安排一些工作和分组的时候，为了全局考虑，可能会把认识的人分到不同的组，一般这时候我会提前和两位打招呼，说明原因，大多数时候会获得理解，也有少部分情况会有人有意见。好在我们组员都是比较通情达理的，遇到不得不“熟人分离”的情况也比较少。

访问员之间相互认识能够减少前期相处磨合的时间，从而提高调研效率。但是，并不是说不认识的组员合作的效率就一定会低，从某种程度上来说，在一个团队里大家都互不认识还能够避免搞“小团体”等行为。调研全程下来，大家还能够收获“新的友谊”。罗老师还曾开玩笑说，说不定还能在这个过程中收获“爱情”。团队里有没有人收获爱情我不知道，但是大家的关系都特别融洽，会经常在一起聚餐，调研结束后，大家也会在微信上保持联系。

二　与调研地之间的互惠关系

入乡调研，当地村干部的助力是非常重要的。一方面，村里的路不好走，山里的路靠着地图也难以找到访户，村干部和村民带队就能解决这样的问题；另一方面，有村干部和村民带着入户，村民也会较为容易对访问员产生信任，从而降低拒访率。但是，我当时也在思考一个问题，就是村干部带着入户会不会对问卷的信效度产生影响，所以我们都是尽量让村干部把我们带到访户门口就离开。

获得村干部的信任也是不容易的。上面和村里说配合我们做调查，村里的人一开始以为我们是来检查他们工作的，都带着戒备心理，向我们打探来历，聊下来发现我们只是学校里来做学术研究的，这才放下戒备。印象深刻的是一位大叔一开始对我们的调查是心存疑虑的，并且对带队的工作非常的不情愿，问我们做这些有什么用，我们说是想看看中国的社会，不能一直待在学校里，脚踩着土地，听听农民的声音，才能做出真正有意义的研究。大叔听后朝我们竖了竖大拇指。就是这位一开始看起来“最不配合”的大叔，后面却是对我们的工作最支持的。后来我们才了解到，村里不巧的是那天有人家里办酒席，上午大家基本上都去帮忙了。本来我们是打算下午再继续，上午就不打扰大家了。然后那位大叔就跑到人家酒席上帮我们把名单里的访户找了回来。后面他吃着席还不忘过来招呼我们去吃一点东西。因为大叔喝了点酒，我们就没有坐他的车，坐着一位访户的三轮车回村委会了，他还感觉到特别抱歉，说早知道不喝酒了。

到一个陌生的地方做调研，当地干部最关心的是两个问题：第一，你的调研会不会引起不良的后果？比如，煽动民众情绪，引起社会舆论，推动上级调查。第二，你的调查能够为当地政府和当地百姓带来什么好处？例如，能够提供现实的物质经济援助，能够带来投资或者促进当地旅游宣传，等等。事实上，调研团队扎根于田野中，与调查对象生活在一起，才能够获取更真实可信的调查资料。我们在安徽农村做调研时，调研团队为当地的留守儿童提供了公益暑期兴趣班的服务，丰富了留守儿童的暑期生活，同时为团队的调研工作奠定了基础。周一到周五上午，我们团队提供服务，下午和周六周日则开展入户调研工作，由于前期兴趣班的招募报名到开课服务已让村民和我们建立了联系，调研工作进行得格外顺利。服务与研究相结合的方式，一方面能够节约调研成本，增加调研时长，另一方面也能够让当地政府看到我们团队带来的实际的效益，从而更加配合我们的工作。

三 与调研对象之间的互信关系

由于我们大多由村干部带队入的户，访户的拒访率较低，会有一些访户比较忙从而拒访的情况存在，其他的访户都较为配合。这次问卷的题目数量比较多，完成一份问卷大概需要一两个小时的时间，说实话，七八月份并不是云南入户调查的合适时间段。云南大多数农村地处山区，种烟叶的比较多，这段时间正好是农民收烟叶的关键时期。在农村社区，我们的名单里会存在大量的访户白天不在家的情况。县城里的城市社区会存在大量人员外出务工从而近期都不在家的情况（大多数外出务工人员的去向都是省会昆明），在县级市，社区的“空心化”程度要较农村社区更为严重。这就要说到近几年学术界关于县域经济和县城规划这一热点论题的讨论。有学者认为，应当重视发展省会城市和以地级市为主的区域中心城市，要防止县一级与地市竞争城市建设资源和产业发展机会。[①] 当然也有学者持相反观点，认为县一级城市的发展不仅能够缓解中心城市的压力，还能够带动其周边乡镇的发展。近些年，县域出现大量新的楼盘，这些新楼盘的购买者一般为附近农村地区的农民，这些农民在县城缺少就业机会，还是会选择

① 贺雪峰：《区域差异与中国城市化的未来》，《北京工业大学学报》（社会科学版）2022 年第 5 期，第 70 页。

去大城市寻找就业机会。这样一来，县一级的城市社区就存在大量空房长时间无人居住的情况。如何解决这些问题，研究人员还是要多走走中国的土地，听听农民的声音，提出切实可行、有利于民的措施。

上面主要说了访户不在家的情况，下面来谈一谈访问员和在家的访户之间的相处。毛主席曾指出："群众不讲真话，是因为他们不知道你的来意究竟是否于他们有利……群众不讲真话，不怪群众，只怪自己……主要的一点是要和群众做朋友，而不是去做侦探，使人家讨厌……给他们一些时间摸索你的心，逐渐地让他们能够了解你的真意，把你当做好朋友看，然后才能调查出真情况来。"[①]因此，与调查对象的相处也是调研工作的重要内容。在入户调查之前，我们团队成员会事先做好被拒访、不配合或被中途拒访的心理准备。根据以往我在安徽做社会调查入户的经验，农村社区中的中老年人比较多，拒访的情况比较少，而城市社区白天一般也是老人在家（寒暑假也会有读书年纪的孩子在家），但是拒访率特别高，就算是社区工作人员和社工入户都会"吃闭门羹"。相较于老人，年轻人可能更为警觉，年轻人在家时，拒访率也可能会更高。这次调研选取的云南的几个地方，访户的拒访率都较低，不知道是不是普遍情况，还有待后续的走访和观察。拒访率高也可能和中国城市社区的"原子化"现状有关，随着社会经济的发展，城市社区"原子化"趋向明显，个人之间的社会联结弱化[②]，最终导致社会

① 毛泽东：《毛泽东农村调查文集》，人民出版社，1983，第 27 页。

② 田毅鹏：《转型期中国城市社会管理之痛——以社会原子化为分析视角》，《探索与争鸣》2012 年第 12 期，第 65—69 页。

信任度降低。我最近在做一个城市社区的居民信任和情感现状的调查，发现近些年出现的村改居一类的社区的居民关系不同于城市或农村社区，有着自己的社会交往特点，值得进一步去探讨。

进入访户家里，接受调查的人一般都会非常配合，招呼我们坐下，并且问我们要不要喝水，有时到了饭点还会热情招呼我们留下吃饭。由于我们在前期培训时明确要求不能留在访户家吃饭，所以大家都没有留下吃饭的情况。实际上，“真正的调查”应该是从留下吃饭开始的。只有和访户“同吃同住同劳动”，建立起信任关系，才能够通过观察和询问获取真实的信息。由于这次情况特殊，我们在一个点也不能待太久，所以严格意义上说，调查进行得并不彻底。如果抛开调查所需要的数字，今后在评估方面加上更多文字、图片、视频的要求，可能更能够说明问题（虽然也可能会增加更多的工作量，需要更多的经费支持）。前面说到访户和访问员的关系建立，一般会从简单的嘘寒问暖开始，先进行自我介绍，再针对中国人嘘寒问暖的几个点“吃了没”“孩子多大”“您看着真年轻”等开展交流。

除了建立信任关系，在访问员和访户之间最容易出现的情况可能就是“移情”和“反移情”，这两个是心理咨询中经常出现的关于伦理方面的问题。至于这种“移情”和“反移情”，在社会研究和调查中，我们更多地是关于“价值介入”和“价值中立”的讨论。社会调查长期以来被视为客观知识的生产实践活动，而后现代主义所强调的研究双方的个人因素和其所处的社会空间对于知识生产的意义，凸显了调查过程的不可重复、调查结果的不确定性和差异性，以及知识生产的主观性。[①]因为这个论题学界至今也没有给出一个系统的权威的结论，所以还是要依据调查的具体情况行事。这里不作深入探讨，只和大家分享调查过程中的所见所闻。很多老人会由于子女长期不在身边，对我们这些和他们子女年龄相仿的访问员产生感情，很多访问员回去以后带着访户“投喂”的各种零食、水果，表示当时根本推托不掉。还有一些访问员和访户交谈下来，老人非常不舍，就希望我们今后还能够多来他们家坐坐，我能看出来那不是表示客套，是真的非常渴望陪伴。实际上，我也不敢答应他们是不是还会来村里看他们，如果有机会的话，我想会的。

说到这里，我想到了2019年的暑假，那年我还在安徽读本科，暑期的时候“三下乡”到安徽省蒙城县的王集乡，当时的主要工作也是入户填问卷，是关于留守老人的问卷调查。有一回入户到了一位老人家，一位八九十岁的孤寡老人独自生活，子女都在外地工作，丈夫已经不在好几年了。她家只有一间简陋的土房子，家里一张单人床、一张磨损严重的小桌子，破旧的电视机柜上放着一台彩色的老式小电视机，正在放一部电视剧。我和同行的同学一共三人，老人对我们没有一点防备心，知道我们是来调研的大学生，直接招呼我们坐下，还要我们跟她一起吃饭，午饭是一盘凉拌辣椒洋葱和一碗糯米汤圆。她说锅里还有汤圆，她准备晚上吃的，我们没吃饭的话，留下来吃点。我们说不用了，刚在外面买了泡面，婆婆连忙起身给我们用炉子烧了壶热水，生怕我们走，招呼我们坐下看电视，说热水一会就好，就能泡面

① 刘学勇:《调查关系的后现代反思》,《上海青年管理干部学院学报》2004年第2期，第30页。

了。皖北的地势开阔，一个自然村和另一个自然村之间隔得比较远，有些住户之间也隔得比较远。那天我们从乡政府坐了很久的公交，又步行好几公里，才来到这个村子，确实一时半会儿回不去吃午饭，我们几个就商量留下来解决完午饭再走。于是我们和婆婆道谢，婆婆说是她该谢谢我们，她平时都自己一个人在家，我们能陪她说说话，她很开心，她说她孙子也在上大学，和我们差不多大。饭后我们坐在一起看电视，我们和婆婆讨论电视剧里的人物关系，婆婆笑得很开心，我到现在都忘不了她的笑容。我在手机里给她留了照片。临走时她拉着我的手，让我们一定要回来看她，我们都说“好”。可是我忘了婆婆的名字，忘了她的村子，忘了回去看她。

费孝通先生之前常做回访研究，一个村子都会去几十次，观察它的变化，这是一种十分有意思的研究方式，我想，这种研究方式除了对获取调查资料有利之外，还能够拥有一些人情方面的牵挂，这也是做社会调查时获得的宝贵情感资料。

结　语

最后，我认为，这种调查笔记也不必形成较系统的理论体系或者有着非常精确的数据支撑。从某种程度上来说，我觉得每个社会调查者都能在调查的过程中记录下一些真实的所见所闻、所感所想才是最重要的。而将这些类似的调查发现整理收集起来后，再提炼总结，就会形成新的理论，如能再有后人在实践过程中不断使用、验证、更新这些理论，就使社会调查变得更有意义。如此看来，我现在也正在参与一项“伟大的工程”。

说到这里，我想起来费孝通先生擅长的“类型比较法”。费孝通先生的研究从“江村”到“禄村”，从“禄村”到“易村”，再从“易村”到“玉村”，通过这种“由点及面”“由个别到一般”的调查，来了解中国农村，了解中国社会。[①]类型比较是按照已有的类型寻找条件不同的具体社区进行比较分析，从而可以逐步扩大实地观察的范围。对这种调研方法感兴趣的朋友可以看一看费先生的《江村经济》《云南三村》《行行重行行》。我认为做调研的过程也是先从具体社区开始的，先做定性的研究，再在之前研究的基础上开展量化研究，要说哪个过程更困难，我觉得还是前期的定性研究，这是一个从零开始，不断探索的过程，对研究者的耐力、体力和观察力都有极高的要求。毛主席曾说：了解情况，唯一的方法是向社会作调查，调查社会各阶层的生动情况。普遍调查是不可能也不需要的，有意识有计划地抓住几个城市，几个乡村，用马克思主义的根本观点——阶级分析的方法，作几次周密的调查，乃是了解情况的最基本的方法，只有这样，才使我们具有对中国问题的最基础知识。[②]我们当代青年研究者要走群众路线，学习从前伟大学者的调研精神，坚持问题导向，同时也不能只“调”不“研”，我想，写下的这些发现就是供后续研究的最好材料。此外，社会调查研究既要锚定党和国家的重大战略决策，又要深入实

① 费孝通、张之毅：《云南三村》，社会科学文献出版社，2006。

② 毛泽东：《农村调查》，晋察冀新华书店印行，1948，第3页。

践、调查研究，了解地方的经济发展需求和广大人民群众的诉求。新时代，我们青年人要贯彻落实在我党大兴调查研究的政治要求，积极研究新时代的社会规律，为国家和社会的发展建言献策。

行文至此，调研过程中的发现还远不止这些，还有一些其他方面的浅见，希望后面我有机会深入探讨后，整理分享给大家。

社会信任

梁　铌

引　言

此次中国人民大学的中国综合社会调查是我参加的第一个社会调查，之前没有过类似经历，也没有相关方面的了解。我本是理科生，学习建筑学专业才一年，其间，因为疫情，基本都是在家上网课，以至于还没机会了解和参与到社会实践活动。后退役复学，转专业到政府管理学院，由于专业需要，才算是对社会调查有了初步的认识。在政府管理学院上的每一节课，遇到的每一位老师，都循循善诱，教导我们要多去社会中走走，多去参加一些社会实践活动，只有真正用脚步去丈量每一寸土地，用心去感受每一处的风土人情，才能写出真正有质感的文章。从毛泽东同志的“没有调查，就没有发言权”[①]到习近平总

① 《毛泽东文集》第二卷，人民出版社，1993，第382页。

书记的“调查研究是谋事之基、成事之道，没有调查就没有发言权，没有调查就没有决策权”[①]，求真务实、真抓实干始终是我们的优良作风，也是我们作为社调人的必由之路。

在正式接触社会调查之前，觉得社会调查就是我们去走遍中国的每一寸土地，然后和各种形形色色的人进行交谈和沟通，了解每一个地方的风土人情，走过、见过、谈过、知道了，那便是社会调查。但是，此次有幸参加了中国人民大学主办的中国综合社会调查，真正地参与其中，我对社会调查有了新的认识。社会调查是个复合名词，分为“社会”和“调查”。所谓的“社会”就是人和环境形成的关系的总和，其中就包括人与环境的关系、人与人之间的关系和环境与环境之间的关系等。其中，我认为最主要的就是人与人之间的关系，这也是最复杂的，其中就包括人与人之间的文化关系、阶层关系、隶属关系等。“调查”所体现的是我们的目的性和方法性。不同于旅游、观光和采风，“调查”是我们带着特定的调查目的，采用一定的方法，通过对社会现象进行观察、分析和研究，从而得到具有一定的参考价值的社会实践过程。此次社会调查，对我来说，最深刻最有价值的收获，就是关于社会信任。

社会信任是一项重要的社会资源。人与人之间的信任关系渗透于一切社会交往活动中，它既是人与人之间建立稳定与持久关系的基石，又是社会运行的润滑剂以及社会整合为

---

① 习近平：《在党的十九届一中全会上的讲话》，《求是》2018 年第 1 期。

有机整体的重要因素。但是不同于费孝通先生所描述的熟人社会讲究关系和人情，现在的社会更加强调个体，人与人之间更像是被分割在一个个单元格里面，看得见彼此，也处于相互联系之中，却很难看得到彼此的真心。“现在的问题是社会变化太快，人口大面积流动及互联网技术的提升，导致有关信任的危机感。”[①]正是在这样的环境下，社会信任显得更加难能可贵。此次的社会大调查，我们遇到了各种形形色色的人，形成了不同的人际交往网络，也建立起了不同的信任关系。

一　人际信任

“信任”是西方社会科学研究中的一个重要领域，自 20 世纪 50 年代后逐渐成为显学，并在不同的学科中呈现丰富多彩的研究态势。人际信任是指在人际交往中双方对对方能够履行他所被托付之义务及责任的一种保障感。[②]人际信任的基础是信任主体和信任客体之间的相互关系，即信任是建立在两者之间的人际关系当中的。社会心理学家韦伯将信任分为两类：普遍信任和特殊信任。特殊信任的对象只包括有血缘或裙带关系的人，普遍信任的对象则扩展至所有人。有研究表明，中国是“关系本位”社会。关系构

---

① 陈菁霞、翟学伟：《时代发展太快，如何重建中国人的社会信任》，《中华读书报》2023 年 2 月 8 日，第 7 版。

② 杨中芳、彭泗清：《中国人人际信任的概念化：一个人际关系的观点》，《社会学研究》1999 年第 2 期，第 3—23 页。.

建的核心是宗族血缘关系，并以此为基础往外“推”和扩散，形成与其他人的社会关系，最终成为费孝通先生所言的“差序格局”。以血缘宗族为纽带所形成的关系是人际关系核心，以此为基础形成的人际信任是最深刻也是最值得信赖的，但是由于社会流动和人际交往的扩大，人际关系越来越多元化，所形成的人际信任的形式和内容也逐渐多元和丰富。

在此次社会调查中，我们所接触到的并没有以血缘宗族为纽带所形成的特殊信任，都是以其他人际关系为基础的普遍信任。同学、老师、领导等这些一般性人际交往所形成的关系，成为建构中国社会的重要组成部分，也是认识理解中国人社会行为的重要依据。因为现在的中国社会是个流动社会，人口在流动，阶层也在流动，中国的社会关系网络也相应地发生了变化。虽然血缘仍然是人际关系的核心组成部分，但是其他的人际交往关系，诸如同学、师生、同事、上下级等，虽然不是最核心，却占据了我们现在日常交往的主要部分。此次社会调查分为四个站点，共 14 个村（社区），花了 12 天的时间。我是广西人，虽说来云南也度过了将近一年的时光，但是我还不能听懂这边居民的口音和方言，只能勉强听懂少数词句，我们要进行调查的村子，青壮年基本都出去打工了，留下来的是老人和小孩，进行交流和沟通异常困难，这无疑给调查任务增加了更大的难度。不过，好在有村干部帮忙，实时在旁边帮忙翻译，任务总能磕磕绊绊地完成。让人印象最深刻的是，对一位七八十岁的老奶奶进行访问，双方的语言可以说是完全不通，最后多亏了两位当地的村委会干部在一旁帮忙翻译，我才勉强把问卷完成，真的是又艰难又有趣。在整个调查过程中，我们所接触到的，主要是同学与同学之间的关系、同学和老师之间的关系、访问员和访户之间的关系、老师和领导之间的关系等普遍关系，和以这些关系为基础形成的普遍信任。这些信任的构建对于我们处理社会关系、完成社会调查和社会目标具有重要作用。

二　同事之间的信任

这里所说的同事之间的信任主要指的是本次调查的领队罗强强老师和中国人民大学中国调查与数据中心负责老师之间的信任关系。中国综合社会调查是我国最早的全国性、综合性、连续性学术调查项目，在全国范围内一共有 40 多所大学及科研究机构联合进行调查数据收集。原先主要由云南师范大学负责云南省这部分的社会调查数据收集，后来云南师范大学退出了中国综合社会调查。云南大学政府管理学院的罗强强老师本着为学生争取更多社会调查机会、增强学生社会调研能力的初心，主动联系中国人民大学那边的老师，负责云南省这边的社会调查工作。其中，老师具体是如何取得合作，这些细节我们无法得知，但是和老师一同乘坐高铁时，老师曾说我们学院和中国人民大学之间有过几次合作，他和那边负责的老师也打过几次交道，所以人家信任我们，才会愿意把工作交给我们学校来做。我想这就是更多基于能力的信任。杨中芳、彭泗清在北京做了一个有关人际信任的访谈。结果表明，一般人将人际信任区分为对他人能力的信任和对他人人品的信任两个方面。[①] 中国人民大学的老师对罗老师人品的信任肯定也是存在的，不过我想，这种全国性任务的交付，单靠人品信任是站不住脚的，更多的是对我们老师、对我们学校能力的信任。

三 师生之间的信任

在开展这次综合社会调查之前，罗老师为了保证调查任务的顺利开展完成，在全国范围内进行了访问员征集，经过初次筛选、面试、培训和考试四道关卡的选拔，最后从 200 多名报名者中筛选出了 20 多名访问员，整个筛选过程也是师生之间建立信任关系的过程。

人际信任也可以指信任者与被信任者之间因持续不断的社会实践而形成的一种关系。这种关系以信任者符合自身意愿的期望以及对被信任者可信任度的评估为基础。在双选过程中，我们出于对老师、对云南大学、对中国人民大学的信任，报名参加此次调查活动，有的同学甚至坐了几个小时的飞机来参加活动；而在选拔和淘汰过程中，老师对报名者的人品、能力进行初步的评判。也就是在这样一个双向选择的实践过程中，我们和老师之间建立起了初步的信任，老师愿意把任务交给我们，我们也愿意将接下来的行程安排交付给老师。也正是建立在这样的相互信任的师生关系的基础上，才保证了接下来调查任务的顺利开展与完成。

---

① 杨中芳、彭泗清：《中国人人际信任的概念化：一个人际关系的观点》，《社会学研究》1999 年第 2 期，第 3—23 页。

四　同学之间的信任

同学之间的信任，贯穿本次调查始终。

此次社会调查是在全国范围内进行访问员征集，虽也有一两个是认识的同学，但是大部分访问员是初次见面，所以都是要从零开始建立起信任。因为要结伴一起到一些陌生的地方，见一些陌生的人，完成一些陌生的任务，同吃同住十多天，路上必须要相互照应。

因为我是替补进来参加社会调查的，因此女生的人数就成了单数，住宿就成了问题，因为三人间的酒店确实不好找，给老师带来许多的麻烦。不过也正是因为这样，我们三个一起住三人间的同学之间的关系似乎比其他同学更加要好。我们三个原先并不认识，其中一个是我同级的同学，但是所属的校区不同，另外一个是已经研究生毕业的学姐，从北方坐飞机飞过来的。因特殊外力聚集在一起的三个人，一开始相处起来确实有些扭捏和不自在。但，好在三个人都是坦率、热心的性格，很快便熟络起来。在调查途中，有任务就一起出去，完成不了的就相互帮助；休息的时候，要么一起窝在酒店，要么一起出去采风、拍拍照、吃吃当地的美食。我认为这样的信任关系的建立是生活中非常常见的一种，在特定的环境和语境下，由于特殊的需要，把一群本不相识的人集中在一起，并且在相互联系当中建立起信任，我认为可以把这种信任归结为关系信任。翟学伟提出关系信任大致是指个体通过其可以延伸得到的社会网络来获得他人提供的信息、情感和帮助，以达到符合自己期望或满意的结果的那些态度或行为倾向。[①]我们在短暂的相处过程中，情感的链接就在于对对方拥有获得信息、情感和帮助的期望，因为出门在外，最可靠的就是在身边的朋友，毕竟远水救不了近火。

五　老师和领导之间的信任

这里所说的老师和领导之间的信任，主要指的是我们带队的罗老师和我们将要进行调查的四个地方的领导之间的信任。

本次调查我们一共要去四个地方，每个地方基本都要访问 150 多户人家，我们不可能直接就上访户家里敲门，和他们说我们要进行一项社会调查，麻烦他们配合我们完成问卷。如果真的这样做，估计别人会把我们当作诈骗的或者其他不法分子，直接把我们轰出去。我们老师就很有经验，每次到一个县调查之前，都会先联系他们的乡村振兴局局长或者其他领导，和他们联络好，然后由他们牵头，一级一级地给下面的人打好招呼，这样我们就可以直接到那个地方的村委会开展工作。在这个过程中，就需要考验我们老师和领导之间的信任。中国综合社会调查每年都在进行，罗老师作为云南大学的带队老师，和那些地方的领导基本都会有合作，也因为云南大学的名声在外，相互之间已经建立了一定的信

① 翟学伟：《社会流动与关系信任——也论关系强度与农民工的求职策略》，《社会学研究》2003 年第 1 期，第 3 页。

任基础，即使之前没合作过的，老师也都能和他们谈妥，获得他们的帮助，保证调查工作的顺利进行。

其中，在联系领导时，也发生了一个很小的小插曲，在其中一个县联系领导时，局长不在，交代给副局长，没想到副局长也没空，副局长又交给手下的一个助理，这样层层安排下去，最后接手工作的人的职务稍微低了些，权力和公信力并没有那么强。后面的工作相较于其他直接联系大领导帮忙的地方开展起来就没有那么顺利。联系好领导之后，接下来就是村委会干部的信任建立。因为有了上级领导事先疏通好的关系，到了村委会这一级，就更加容易了。我们到达村委会后，已经有相关的工作人员帮助我们开展工作，我们只要直接和他们说明需要他们具体做什么就行了。有些村子特别大，村委会就会找到主要联络人，让他们分头一户一户地带着我们去访户家中，同时，帮助我们翻译。多亏有了这些村干部和联络员，调查工作才能顺利进行。

六　访问员和访户之间的信任

访问员和访户之间的信任程度直接决定了调查任务的完成与否。

在我们接受培训的时候，中国人民大学那边的老师已经教过我们一开始如何和访户进行沟通，主要包括：一是让他们消除戒备和顾虑；二是让他们对我们的来意能够有个简单的认识；三是让他们知道参加这个访问不仅是完成我们的工作，而且对他们也是有益的，让他们更加配合我们的工作……但是，经过十多天的实践，我们发现，和访户们解释再多，都不如那些村干部直接和他们说明情况。有村干部在场，他们一般都会直接配合工作，因为这些村干部都是平时认识的人，对于他们来说，具有强信任关系。正是有了这种强信任关系的联结，我们才得以更好地和访户之间取得合作。

人的生活离不开信任，社会运行离不开信任，政治制度也建立于公信力之上。有社会就有信任，但信任随着社会变迁而发生变化。乡土社会中村民之间的信任建立于彼此的“熟识”。这样的熟识是祖祖辈辈积攒的，是从小一起长大、一起活动、一起变老的那种熟识。社会学把这种现象称为“熟人社会”。在这个“熟人社会”中，我们这些访问人员作为“外来者”，肯定会遇到许多的质疑和不信任。因为我们是村干部带来的，他们不会质疑我们的身份，但是他们会问，这些问卷主要是问什么啊，会不会对他们的家人有什么影响，然后我们就会耐心地和他们解释，只是一些很简单的问题，你只要根据自己的实际想法来回答就可以了，不会对他们或者他们的家人有任何的影响，不要有任何的顾虑。即使这样说了，村民们也会再多问几遍，直到我们一而再地强调不会有任何的影响，他们才会稍稍放心地接受我们的访问。这种在外力帮助下才建立起的微弱的信任，只能够维持整个访问过程的执行，如果要进行深层次的访问，那就需要考验我们在访问过程中和访户之间信任联结强度建立的技巧了。

中国当代的社会转型对信任提出了新的要求。一个基本表现就是，建立在亲缘和地缘基础上的传统信任方式在很多方面已经式微，却未找到合适的替代品。[①] 因为现在这个社会，人与人之间的联系并没有传统社会那么密切，如果说传统社会的联结主要依靠“情”，现在则主要靠“事”，因为各种各样的事情把不同的人联系在一起，很多情况下，事情办完了，人也就散了。就像我们这次的社会调查，因为要收集数据，我们和访户联系在一起，调查完了，也就散了，以后都不会再有联系。所以说，这样的联系很难建立起信任。即使有村干部在一旁帮忙，也会出现拒访的现象。

七　结语

最后，因为学校安排，我和另外两个同学先行回了学校，没有参与最后一站的调查，这是整个调查过程中我最大的遗憾。不过，世间上的事情也正是因为有了遗憾才更加美好，才会更懂得去珍惜。

通过此次的社会调查，我对社会调查有了新的认识。社会调查只是我们了解社会的一把钥匙，是我们从课堂上或者说书本中跳脱出来，深入了解中国社会现实的途径。这是一个充满了无限的未知性的过程，因为你根本不可能预料到自己会遇上什么样的人，遇见什么事情，即使你已经调查了好几天，对整个流程都轻车熟路了，但是总会有各种你想象不到的意外发生，而这也正是我们作为调查者所要经历和解决的事情。调查结束之后，我回到家里，参加了村委会的实习

① 郑永年、黄彦杰:《中国的社会信任危机》,《文化纵横》2011 年第 2 期，第 18—23 页。

工作。先熟悉了环境之后，就跟着村干部下村进行厕所大排查，其实就是挨家挨户对厕所进行拍摄。因为要进入农户家里，就需要和农民进行交流沟通。还好有了之前参加社会调查的经验，和村民们的交流也比较顺利、得心应手。完全没有了刚刚参与调查时的扭捏与拘谨。这也反映出自己的进步，社会调查所讲究的就是实践，要切切实实进入社会中开展活动，实地去走，实地去看，只有多经历几次，才能不断积累经验，不断了解更多的实情。

作为调查者，我们要始终秉持求真务实的态度，在调查过程中要肯吃苦、能吃苦，才能真正了解民情、掌握实情，搞清楚问题是什么，弄清楚如何去解决问题。我们要以全党全国大兴调查研究之风为契机，坚持攻坚克难，发扬斗争精神，增强斗争本领，勇于涉险滩、破难题，知难而进、迎难而上，驰而不息，把调查研究的文章做足做好。

云南四州县调查札记

王晨烨

这是一篇乡村观察札记，在云南多个乡村实地调研期间，对当地人口、代际、风俗、村治等进行观察，每个环节的观察都贯穿着对地方人文的关注。70余年前，费孝通先生提出了“乡土重建”命题，这一历史命题是否已然完成？我们看到的，是今日之乡村亟须重建。当然，只对个别地域进行的观察，不能称为整体性分析，此乃管中窥豹，本文所记述的只是乡村状况的“冰山一角”，远未达到兼具广度与深度的分析层次。

2023年7月，我在知晓中国综合社会调查（CGSS）云南项目后欣然加入，参加前经过深思熟虑，对于早就想了解云南乡村社会现状的我，这无疑是个绝好的机会。当然，如此积极是有动因的，总的来说，本次参与无不贯彻“求索”二字。

一　起因

我参加中国综合社会调查（CGSS）云南项目的原因有以下三个。

原因之一是消除“城里人”思维。2020 年 5 月 29 日，时任总理李克强在记者会上称中国公民人均年可支配收入为 3 万元人民币，但是有 6 亿中低收入及以下群体，每月收入仅约 1000 元，1000 元在一个中等城市可能租房都困难。[①] 出于好奇，我搜集了相关资料，《中国统计年鉴 2020》显示，2019 年中产阶级实际月收入为 3156 元左右，低收入组家庭月收入仅为 1295 元左右。[②] 以上种种事实，是我从未认识到的。

我所居住的文山市在云南省算不上繁荣，但经过近 20 年来的发展，从一个小乡镇发展为大城市，我自然而然认为，具有区位优势、优良资源禀赋、充足劳动力和政策扶持等因素的地方都能够得到良好的发展。事实证明并非如此，以“城里人”思维考察乡村社会的发展与变迁，自然处处碰壁。因此，深入了解乡村是我参与本次调研的主要目的之一。

原因之二是拓宽视野。以往大多是从网络新闻或是身边人的见闻中获取乡村社会信息，所获取的信息是否切实反映乡村社会，自己不得而知，也无法验证。有时候不免疑惑我

① 李金磊：《中低收入及以下人群 6 亿，中央“大动作”保民生》，中国新闻网，2020 年 5 月 29 日，https:// baijiahao.baidu.com/s?id=1668019399009310403&wfr=spider&for=pc。

② 国家统计局：《中国统计年鉴 2020》，https:// www.stats.gov.cn/sj/ndsj/2020/indexch.htm。

心目中的乡村是不是真实的乡村，恐怕只有亲眼所见亲身所感，才能拥有最真实直观的感受。我所居住的文山市，在我几岁时仅是一个小城镇，后来劳动力需求日益增多，我也能频繁接触到农民和工人。仍记得初高中时，上学路上总能见到农民工出工的忙碌身影，偶尔碰上时，有些交流，丝毫不觉得有芥蒂。每周日还是文山市传统的“街天”，随处可见进城购置日用百货的村民。近些年，多是在各工地和非中心城区见到农民工，亲朋好友也多是城市居民，与农民工的接触程度和我幼时相比，明显降低。所以，虽是拓宽视野，其实也是想再找回“熟悉的感觉”。

原因之三是领悟真谛。我过去常以“救世主”视角俯瞰乡村社会与村民，在碰到乡村社会工作结果不尽如人意时，“理想主义”心态作祟，认为工作应该这样做而不该那样做、干部们应该多奉献、村民们应该多配合等，反正总能挑出毛病。这便是典型的“救世主”心理，没有实际工作经验，却对工作“颇有见解”，仿佛只要自己下场，困难便会迎刃而解。这样忽略实际因素，单凭一腔热血是不足以成事的，因此，我想借调研的机会，设身处地地去感受中国乡村社会现状，而不是“俯瞰”。

二　初识

出发前几天，我与其他访问员一同在云南大学接受了培训。在大家陆续到场入座后，导师首先介绍了本项目，阐述项目实行的必要性。随后让大家作自我介绍，作为未来半个月共同奋斗的“战友”，大家相互熟悉与内部团结对项目的顺利实施是大有助益的，自我介绍完毕后，众人便在一片其乐融融中进入正式培训环节。

培训开始时信心满满，在接触学习专业调查方法后便受了挫。社会调查流程好复杂、规则好烦琐、方法好无趣，是我的第一印象，好在深入学习后，在同学们的相互砥砺下，逐渐适应了，不仅消除了对学习的抵触情绪，更在与大家的互动中不断挖掘出乐趣。例如，导师让我们各自组队，尝试用自己家乡的方言与受访者交谈。因为多数访问员都是云南本地人，在与搭档们用各自方言交流访问的过程中并无阻碍，我们的工作甚至是在一片欢声打趣中完成的，完成度不错，效率也较高。就这样，我们共同度过了两天培训时间，至培训结束，我和其他访问员的相处已基本没有隔阂。

在最后一天，培训基本完毕，剩下的便是强调纪律与注意事项了。导师讲述该项目的宗旨、目的以及过程中可能的遭遇。其实大家对接下来要面对的困难并没有过多的认知，但满怀志向的“初生牛犊”怎会因为些许尚未碰到的难处就轻易退缩呢，所以大家的决心并没有被动摇，掌握调查方法后，在导师的不断嘱咐下，我们就正式启程了。

三　无可奈何的断层

刚到村里时，村民多在农忙，年轻人多是去附近乡镇或外地城市打工了。虽是农忙时节，但无论在乡村的田地里还是街道上，安安静静是给我的第一感觉。经历了分田到户的老一代人感觉自己的劳动回报很直接，很有保障，就起早贪黑，为自己的富裕梦想竭尽全力。所以，这一代人是辛苦且勤劳的一代人。劳动惯了，也就成为一种习惯，成为一种生活。长期习惯的生活，是难以短时间内改变的。村子里的老人，很少坐在家里享福，只要有最后一点力气，都是坚持劳作，认为白日闲散是一种罪过。

外出打工的子女辈将孙辈留在家里，爷爷奶奶辈再次充当父母辈，一把屎一把尿地带着仅几岁的小孩。接着就是上幼儿园和小学，来回几里路，不论寒暑，每天接送。待到大一点，到镇上上学，再之后，要么努把力到城里读大学，要么找份工或干脆回村种地。无疑，能够进城读书，哪怕是专科，就已经是村里人口中“有出息的娃”了。并且，把孩子送进学校后，老一辈人马上去找各种副业来做，只要能赚钱，什么都愿意做。村子里的庄稼，也多是这些老人们种出来的，70岁的老太太种几亩玉米地，也不是什么稀罕事。但精力是有限的，生命也是有限的，大多老年人都是劳动到最后，撒手西去；长期卧床的，少有，大概对于勤劳的人们来说，不能劳动了，也就自认为走到了头，除非不得不，否则对住医院都持排斥的态度，认为是浪费了钱，空闲了地。

在玉溪市新平县者竜乡某村，与一位47岁的中年男人聊天时，他告诉我：今年过完年就没打算出去做工，但在家忙过一阵后，发现还是难得赚到钱，于是又出去找事做。不愿离家太远，所以不进大城市而是去附近乡镇上，但是发现工作不好找，年纪渐长，技术有限，只能找些又苦又累、工资还少的零工做。前些时候天太热了，就又匆匆回家，说不想再出去了。这是一个处于临界状态的人，正在回家还是继续打工之间徘徊，两边都感觉是鸡肋。

不得不感慨这些打工者的最终结局是带有悲剧色彩的，年轻时候的精力与才智已经奉献给了城市，像一根甘蔗一样，被城市咀嚼过一遍后，汁水留在了城市，最终却难以在城市扎根，大部分还是得回到生养他的这片土地上来。

田地虽不少，但对这一辈人的吸引力不如从前了，更年轻的一辈人则更是如此，早早就吩咐家里的老人帮助种上了茶叶、香料之类的经济作物，或是橙子、核桃等有外来老板收购的作物，意思是回家后也不打算插秧种粮食了。在“确保18亿亩耕地”的政策要求下，本次调研走过的村里大多也就看到玉米、荞麦等粮食作物，进城务工难但可能有高回报，回村种地较为容易但很难赚大钱，这种矛盾心理不断冲击着年轻人，究竟何去何从，是他们面临的难题。

老幼相守的村子里，老年一辈，早已习惯了自己的故土；中年一辈，即使无可奈何，也还算习惯自己的故土；青年一辈，不过是暂时寄居在这里罢了，待到十五六岁，也就开始东奔西走外出打工了。外出的人，有的寄望于归家养老，所以一般都用多年的积蓄在村里盖房；还有一部分，尤其是80后，有的连回家养老的念头都没有了，利用两三代人的积蓄，在自己的镇上或者大些的县城买套住房。总之，乡下难以成为“衣锦还乡”的好去处了。人是活在希望中的，希望使人精神焕发，做起事来劲头十足，认为前途光明，幸福感亦大大提高。但在村子里所感受到的，似乎并没有这种充满希望的朝气，倒是处处显出暮气沉沉。虽然物质生活水平大大提高，但幸福感并不强烈，尤其是展望未来，笼罩在人们心头的，多是不确定性。

想象一下，老一辈逐渐离世，中年一辈回归乡村，对种田缺乏激情，年轻一辈不愿回村务农，将是一番什么样的乡村景象？或许还是像现在一样，中年一辈变成老一辈后，继续像老一辈那样，带着他们的孙辈，继续艰苦讨生活？

我们总是把希望寄托在后辈身上，认为已经陆续外出打工的年轻一代必定青出于蓝而胜于蓝。但这很大程度上取决于他们的教育状况与精神状态，当然还有大环境的影响。从村子里一些 1995 年及以后出生的青年来看，虽然情形有差异，但总体而言，前途似乎并不光明。

大部分青年都是父母在外打工，由爷爷奶奶或者外公外婆带大，隔代教育，虽然物质上得到了基本保证，但学业多荒疏。爷爷奶奶辈与学校基本没有联系，更谈不上家庭与学校的有机配合了，于是很多青年初中不能毕业，即使初中毕业也多是进入职业技术学校。他们对乡下生活横竖不习惯，铁定了心不再回到乡下种地，事实上也已经全然没了种地的经验。如果说第一代打工者大多数回归乡村，其中佼佼者甚至能在城里立足，那么第二代打工者将是既融入不了城市又回归不了乡村的一代。虽然这一代也会分化，有的会渐渐融入城市，有的会退回乡村，但总体而言还是徘徊于城乡之间，从而成为不稳定的群体。

总的趋势是，人口回流将越来越少，费孝通先生主张的叶落归根的良性循环的乡村，恐将越来越难实现。少数优秀分子通过高考等渠道实现阶层跨越将变得越来越难。乡村发展后继无人，日渐衰败，似乎难有其他出路。

四　遭受侵蚀的良俗

在传统乡村社会，人口几乎没有流动性，人们生于斯，长于斯，老于斯，形成了费孝通先生所讲的乡土社会。虽然物质不够丰富，但社会有序，人与人之间，家庭与家庭之间，虽然也起干戈，但绝大多数时候都处于运转良好的状态。毕竟，在一个熟人的社会里，坏人并没有多少便宜可得，名声不佳往往不受人待见。在此平衡中，公序良俗成为一种重要的社会资源，使乡村的生活安排得井然有序，也使人们的生活富有意义，对未来心中有数。但当前的农村发生了很大的变化，我所认识到的主要是两方面：孝道与婚姻。

在大理州剑川县沙溪镇某村，我与一位寡居的老太太聊天，谈及子女们的孝顺，她不禁潸然泪下，一口气讲了很多：我一年到头，辛辛苦苦种了又收，得到千把斤玉米，又买饲料，和了玉米一起喂猪，一年挣个万把块钱，我把钱都存在女儿那里，她用我的钱还了债，但说今后会都给我的。大儿子回来后，从不给我什么，虽然名义上是他负责赡养我，一回来倒是逼问我的钱哪里去了，动不动就要找我借钱，也给他借了些，可还是不能满足他的要求，认为我偏了心，把钱都给了他弟弟妹妹。媳妇总是跟着大儿子一起吵闹。是啊，他们应该有钱，自己在外面打工，可是回家就只找我要钱，再就是背腊肉、香肠出去，或是直接将家中物件带走。

在农村，老一辈和他们的下一辈之间，大多有着空间和时间上的隔离，老年人哪怕 80 多岁了也通常是要自食其力的，而非大城市中可以进养老院或是找保姆。和以往一样过苦日子，对于农村老人来说并不是什么难事，唯一且最难面对的事恐怕就是子女的不孝了。

另一个是婚姻问题。过去的乡土社会，男女有别，夫妻之间虽然没有多少浪漫的爱情可言，但相敬如宾，互相有底线。中年男女因为人口流动关系，夫妻天各一方已较为普遍，但留守的一部分人，虽然人言之畏，还是不愿意难为自己，两两凑对的不在少数。而小青年们，自小因为父母外出，教育失调，在两性关系上亦难健全。有一些夫妻，受到当前金钱为上价值观的影响，眼睛中金钱多了，感情就少了，加上置身于城市五光十色、变幻莫测的环境中，更模糊了男女们的视线。村子里不乏出现一两个小孩尚处襁褓之中，父或母便出走了。出走的原因，主要是不能忍受贫困的生活，又或是在外打工时认识了外地异性。而现在，他们的父或母要么重组家庭，要么处于离异状态，孩子的童年因此支离破碎。

五　经验使然的提防

刚开始和村民们接触时，我带有一种未知感，不确定该怎么与村民进行友好且有效的交谈。有村干部的带路，能够很快且省力地找到访户家，由村干部进行开头介绍也能够有效降低村民的戒备心，有助于调查的开展。

在昭通市巧家县白鹤滩镇某村，村支部书记在领路时对我们说：“如果没有村干部帮你们带路，帮你们敲门，帮你们沟通，可能你们连村民的门都进不去。也不是说村民对你们有什么成见，而是大家都怕被骗，村民们大多是很朴实的，但城里人就不确定了，毕竟谁想无缘无故担风险呢？并且大家平时农忙，也没时间搭理你们的调查。你不信你就自己去随便敲一户人家的门，你看人会不会理你？”虽然这位干部的言语比较直接，但我想他说的是对的，如果没有村干部带队，仅凭一人一证一地图恐怕一整天都不见得能访几户人家。

为什么村民对外来人如此防备？我想一是在村民们的农忙时节，相比于不确定是否能为自己带来实际收益的调查，或者即使有收益也是极其微小的，村民们自然更为关注自己赖以生存的农活；二是干部口中的“怕被骗”，直指村民们在面对外人尤其是城里人时的不安全感，城里人主动接触他们，被认为一定是有企图的。

大多数村民在了解我只是一个做社会调查的学生后，便放下防备，热情回应。在访问过程中以及结束后，他们还会诉说自身想法。在基于我学生身份的前提下，村民们会谈很多，大到对国家政策的理解，对社会问题的看法，小到对自身处境的分析。

六　与村干部交流社会调查工作技巧

在我所接触的村干部中，大多数认可本次社会调查，但也有村干部认为这只是浪费人力物力，难以理解为何总是跟踪调查那么多数据，又无法即时转化为可以投入生产建设的资源。在他们看来，这是在做无用功，尤其是还需要大量村干部和村民积极参与配合，耽误了村民干活儿。

有些村干部追求快速改善现状，轻视长期收益，但如果政府和各机构对基层群众的了解程度不够详细，就无法基于客观情况做出中长期的规划，如果对基层社会的变迁和实际发展状况的掌握程度不够，就很难在政策指导和资源配置等方面做到真实且高效的“上传下达”。我据此说服村干部虽然难以在短期内为村民们提供有效帮助，但从长远来看，这项工作是必不可少的。在理解了这项工作的目的和意义之后，绝大多数村干部愿意为本次调查提供帮助。能够从某种程度上改变人们对社会调查工作的消极观念，对此，我是自豪的。

访问过程中，某位村干部针对调查工作的流程和细节给了我建议，他也是大学生，一年前从军队退伍后，加入了驻村工作队。例如在调查被访者的收入时，他说：“你们做这项工作的时候，应该先明确标准，农村人不同城里人，收入不是工资条上明确到几元几毛的数字，很多人的收入是没办法按月来算的，毕竟大多数人都是在务农，按年算呢，又存在算不清的情况。你问他年收入是多少，他如何分辨呢？除了务农和外出打工的收入，政府的贫困补助算不算？每亩粮食地给的补贴算不算？村民有时做些手工品卖，过年还会杀年猪，这些方面用不用统计？所以你单纯丢一个年收入让他说，他是理解不了的，要是出现了某些误差，对你们收集的信息的准确性会产生影响。”

这着实值得反省，部分村民在回答年收入时，甚至有说仅几百元的，这样的回答很大程度上就是因为沟通出现了问题。在我们眼里，年收入应该是清晰明了的，但在村民们看来是不好具体估量的。而且部分贫困户出于各种顾虑不愿告知真实收入，所以在统计村民年收入时是困难的，并且容易出现误差。诸如此类的建议，我从村干部们那里学了很多，从事乡村社会工作，必须有长时间下基层的经验，深入体会村民们的生活，最主要的是学会从他们的角度出发想问题，我想这是每一个乡村社会工作人员或者调查人员必须掌握的共情能力，没有这种能力就称不上是在为基层村民服务。

七　农民的赞歌

我时常会想，用什么词语可以概括农民呢？朴实无华、吃苦耐劳还是忠厚善良？年初曾看过一部日本电影《七武士》，还记得其中有一个片段：当武士们在村里见到死去的落魄武士的装备时，气愤地想要杀光整个村子的农民。这是为什么呢？因为武士是崇高的、是不容侵犯的，这些卑微的农人居然乘人之危，这怎能令同为武士的他们所忍受呢？此时，菊千代（影片主角之一）站了出来，大骂农民的自私和猥琐，但他最后反问：是谁教他们变得这么狡猾的呢？是谁教原本胆小而无能的农民变得胆大而妄为的呢？居然敢去招惹武士，那不是活得不耐烦了吗？其余武士皆无言，逐渐也从农民立场认识到他们的身不由己，一场风波就这样过去了。

农民善良、淳朴，却也不乏小精明、小算计，有“农民式狡猾”，但无论用哪个词语形容农民，总感觉差点意思。

思来想去，总归是有了一个：坚韧。这种坚韧是包含无奈与辛酸的。他们的辛苦与执着凝聚在一句简单而深刻的话中："种田无定规，收成是天意。"农业生产受天灾的影响是无法避免的，他们从不退缩，当然也无法退缩，只能坚守在土地上，用智慧和毅力硬抗灾难带来的破坏，期望来年多些收成。

这种坚韧同时也包含乐观与希望。尽管生活很辛劳，农民却总能找到生活中的美好。首先，农民善于享受大自然的恩赐，亲近大地，感受四季更替，体验自然变化。这种与自然的紧密联系使得他们不必被大城市中的声色犬马所扰，缠绵细雨或是清风艳阳就足以使他们欢喜。其次，农民注重家庭和睦与团结，亲人间温暖和谐，邻里间互帮互助。即使现实生活有时并不如此，但心里是渴望情谊的，虽然对外人常有防备，但解除误会后，便毫无吝啬地表现热情了（正如我们所经历的那样）。最后，农民也有自己的梦想，即使有时是破碎的。收成之日多收获几十斤粮食，市场行情允许自己多赚点，赚到钱给家里添置些新物品，剩下的存着，供孩子读书，更有甚者在村里或乡镇置套新房。孩子长大后找一份稳定工作，立业成家生子，将父母与爷爷奶奶接去城里住，小一辈再接再厉，老一辈含饴弄孙，不必再守着那一亩三分地，便是十全十美了。

这样看来，用坚韧形容辛勤的农民，恐怕再合适不过了。

八　余论

在告别最后一个村庄后，便踏上归途了，回去路上仍在回味并讨论这段时间经历的趣事。中国不止一个农村，也不止一个类型的农村。即使是在农村生活一辈子的人，也未必敢说他真正了解农村，他所了解的可能仅是他居住的那个村庄。想了解农村，需要在整体的中国里看农村。城市与农村并不是二元对立，而应该是一体两面甚至一体多面，想要了解中国社会，必须要了解中国农村社会。只有更好地理解中国时代变局中农村社会的演变，以及制度、政策的实际运行，才能为中国农村发展和社会政策提供有益的参考和建议，这也是本次 CGSS 项目的宗旨和社会调查工作的终极目标之一。

数据中的理性和人文

薛智英

距离2023年中国综合社会调查（CGSS）云南调研已过去一周有余，那些乡音乡情在脑海中却迟迟不能抹去。打小长在城市里的我虽然一直对农村生活情境有着“采菊东篱下”“带月荷锄归”的想象和向往，但儿时曾去过一两次西北农村，在我的印象中留下了贫苦与艰辛的主基调。

时过境迁，自2021年我国脱贫攻坚战取得全面胜利以来，乡村振兴、农业农村现代化正如火如荼地发展，惠泽农民。因此，本次调研我也把更多的关注点放在农村的发展变化上。一方面，通过理性视角，客观地探查农村的发展情况以及近些年来的生活变化等；另一方面，尝试以人文感性的视角，真正代入农民生活情境，关注其内心体验及情感表达。

一 理性视角的关注

本次调研覆盖云南四个市（州），我们的行程为大理白族自治州剑川县、昆明市寻甸县、昭通市巧家县、玉溪市新平县的 14 个村（社区），我有幸参与到其中 8 个村进行实地调研。本次任务完成过程中没有遇到大的问题，我共上门访问 22 户人家，受访者平均年龄 47 岁，约 1/3 受访者为女性。作为调研新人，面对相对陌生的西南边疆地区，这次调研让我看到了与自己生活完全不同的场景。调查研究是认识社会、改造社会的重要过程，本次调查细化到每一户，二十几位访问员齐心协力，发挥求真务实的工作作风。随着对工作的不断熟悉和深入，我渐渐开阔了视野，对调研的理解也逐渐明晰起来，并有了一些感悟。

（一）基础设施建设

党的二十大提出要加快建设农业强国，近几年的中央一号文件也都围绕“三农”领域和乡村振兴重点工作开展。总体来看，即使是关山迢递的村落，也都有配套完备的基础设施。在组织层次方面，每个村子由村委会主任负责，村内又分为数个小组，每个小组有组长管辖村民事务，组内每户都有清晰的号码编排。这样秩序井然的划分不仅便于掌握辖区内农户的情况，也便于第一时间发布传达各类通知、信息，为自上而下的指示或自下而上的诉求搭建了通畅的运行途径。这次调查的所有村子和农户都由中国人民大学中国调查与数据中心负责人员随机选出，以确保调研的客观性。调查过程中发现，即使是路途较遥远和险峻的山村，也都有通畅的道路前往。在村内，每个村委会都配有车辆，尽管村子中道路崎岖蜿蜒，但几乎所有路段都可以通车。记得在小河塘村，一位村干部指着村里宽敞的柏油马路介绍道：“右边那家原本外延了几米，为了村里的修路，与他协商沟通后拆除了部分房屋。起先也是不愿意，后来经劝导和教育，他也认为要以发展大局为重，于是自愿拆除了部分房屋。”交通的完善为农民务农、贸易、进城等带来了极大的便捷，提高了工作效率，增加了收益。在教育、医疗方面，本次访问的多个村寨都在村委会附近建有小学或幼儿园，义务教育的普及使孩子们不用像祖辈们年轻时跋山涉水去上学或因各种原因辍学在家。大部分村里配备有村医，可以解决日常的头疼脑热和提供紧急情况下的医疗支持。这次访问中，同行同学在剑川县某村访到了一位村医，他说他的父亲曾是赤脚医生，受父亲影响立志学医，很遗憾只考了专科，毕业后没能去县里工作，但能够响应国家号召，留在故土，为改善村里医疗贫瘠的状况而努力，他也感到很自豪。在购物休闲方面，稍大一些的村子会定期开展集市，小的村子也有商店或社区食堂。我们此行正好碰上巧家县每周一次的赶集活动，新鲜的肉类、水果、蔬菜、小吃、日用品等一应俱全。农民生活水平和物资条件比过去显著提高，城乡差距逐步缩小。一位村干部介绍：“城里买得到的‘新鲜玩意’咱也有，和城里差不多，咱农民生活也好哩！”

（二）百姓生活生计

在本次我访问的22户中，当有住户表现出对我们调查工作的怀疑态度时，我总要认真地对访户说：“我们不是对您个人和您的家庭感兴趣，我们是对您所在阶层的人群做统计分析，参与项目是为了真实了解民生，让更多像您一样的人群可以得到保障。”从宏观整体来看，此次调查的云南四地的 8 个村，我深刻感受到百姓生活向好。从“社会信任程度”“社会道德感知”“社会公平感知”“生活幸福程度”指标来看，我访问的不同地区的 22 户中约有 20 户都是本地农业户口，其中约有 18 户的回答都是积极态度，认为生活条件相比从前有明显提升，对未来生活、社会发展都持有积极的态度。不仅是答案上的选择，通过在提问时农民质朴的话语和眼神，也能看出他们对生活水平逐步提升的喜悦和期盼。但是从微观个体来看，贫富差距和消极情绪依然存在。例如，此次对昭通市巧家县某村的寻访中，有的村民家修建高级三层小楼；而仍有部分村民家仅是破旧砖瓦房，家徒四壁，内部照明设施仅一个小灯泡挂在黑漆潮湿的屋顶。很遗憾未能征得屋主同意拍下照片，那是一位 40 多岁的彝族大哥的家，他对未来并不抱有希望，他家有四个未成年的孩子，还有老人要赡养，自己生过病不能干重活，妻子下地干活，每日早出晚归非常辛苦，他认为 10 年后不仅要供孩子读书嫁娶，还要担心自己的身体和养老等问题。与同行访问员们交流得知，这位大哥家不是个例，许多农民都担心自己的养老问题，希望今后我国在政策保障和发展机遇方面能照顾到身体有基础病或残疾的农民。

（三）个人学习成长

不登高山，不知天之高也；不临深溪，不知地之厚也。

实践是认知发展的源泉和动力。毛泽东在《关于农村调查》一文中提到“没有调查，就没有发言权”[①]。2023 年 3 月中旬，中共中央办公厅印发了《关于在全党大兴调查研究的工作方案》，强调要大兴调查研究之风。可见调查研究的重要性，调查研究是我们党的传家宝。自报名参与本次调研项目起，我就在问自己：何为调研？为何调研？中国综合社会调查（CGSS）全面地收集社会、社区、家庭、个人多个层次的数据，通过了解民众思想认知、社会变迁趋势等，探讨具有重大科学和现实意义的议题。这不仅能够推动国内科学研究的开放与共享，也可以为国际比较研究和接轨国际学术话语提供数据资料。

作为一名想要继续深造的政治学专业研究生，参与本次调查研究活动，在对第一手资料收集、学术观点形成、实地经验积累、科研素养培育方面都有较大的促进，拓展提高了我的科研工作能力，也让我有机会反思自己在学术方面的欠缺。在调研中，我第一次感受到资料上的文字与现实共鸣的感觉，然又恨不能读尽天下书，调研途中遇见的人文景观、历史风物，涉及的社会学、发展学、政治学、人类学等各类学科的知识在我脑中频频闪过，却没能形成具体的一一对应的概念，实在使我感到羞愧万分。例如，访问新平县某村时，一大家子人（有血缘关系但已分家的亲人）正在聚会，受访者喝得微醺，我采访时，他的几位兄弟也在一旁帮助回忆，这使我想到费孝通先生《乡土中国》中的“差序格局”概念，然而又因没能钻研进去，也只是仅仅想到这个概念罢

① 《毛泽东文集》第二卷，人民出版社，1993，第 382 页。

了。这次项目让我认清了自己的局限性，但同时极大地点燃了我对专业课知识、历史地理等的学习欲望，激发了我研究的兴趣和钻研的决心。

二　人文视角的关怀

积跬步以至千里，观天地而悯众生。理性数据固然重要，但感性见闻是我本次调研收获的更大宝藏。我将这次调研中最为记忆犹新和引人深思的感受记录如下。

（一）渴望的纠结

在和同行访问员的沟通过程中，我发现部分农民带有一种纠结的心态：一方面不信任我们所学所讲所做之事，另一方面又希望我们将他们的苦难具象化而“上报”，在期待获得我们认同的同时，渴望“抓住我们”来得到改善。这或许矛盾，又或许是人性。在新平县某村，访到了一位40多岁的大哥家，他的妻子被系统随机抽中为被访者，她轻柔委婉地问我：“你们访问，我们可有什么好处？”我解释完毕，她眼里闪过一丝失落，但还是积极地配合我的工作。在问到“是否幸福”和“是否公平”时，她忽然脱下了左脚的布鞋，露出只有一半的脚掌，在一双棉袜的包裹下，像一个拳头，又像旧社会女人捆绑的小脚。在不太标准的普通话中，我了解到，她被摩托车撞倒，受了重伤，切除了一半脚掌，但肇事者没有给到应有的赔偿，将近10万元医疗费用都是他们自己出的。她动情地说着，她的丈夫过来，一起跟我讲述他们的不公待遇，她的邻居在门口沉默着，悲悯地看着她。从政策安排讲到肇事者态度讲到现行生活状况，原本一小时的访问，两个多小时才结束。我知道，情绪引领下的只言片语不能作为了解事情全貌的依据，但我也感到他们不是纯粹等靠要的懒汉，即使是受伤行走不便，大姐也在做绣工补贴家用，尽可能地收拾屋子，大哥也在忙里忙外。或许是生活的苦难，确实让他们承受了本不该承受的压力，当他们发现我无法依靠也无法为他们带来生活的光亮时，声音又变小了，又抱怨了一会，邻居走了，我也走了，似乎燃起的希望也走了，生活还是一如既往……

（二）他们的自洽

“自洽”原是形容自身逻辑推演无误，当代人更多用其来形容一种满足、不追求更多而享受当下的生活态度。整个调研过程中，有两位受访者“自洽”的人生令我记忆犹新。

第一位是在者竜乡的访问中遇到的一位 60 岁的大叔。在城市，60 岁是男性的法定退休年龄，而在这里，烟叶收获的季节，大叔刚刚结束上午的采摘工作，在自家凉棚下和妻子一起捆绑烟叶，为接下来的烤烟工序做准备。我坐在一旁的小板凳上，一边看着大叔干活一边向他提问，相比于这里其他的受访者，大叔普通话的听说能力要流利许多，问到学历才知道，大叔初中学习很好，考到了当时县里的高中，可是家里嫌太远，不允许大叔去读书。

“应该还是拿不出学费吧！”大叔抱着水烟筒，缓缓吸了一口说道。

“那时候条件都不好，家里也需要人干活，”水烟筒咕噜咕噜地响着，好像在替大叔鸣不平。几丝烟云向上升腾，拂过大叔布满岁月刻痕的眼角，那里挂着一丝难以察觉的遗憾，而后又迅速随着青烟消失在了温润的空气中。

访问完毕，准备离开前，我问大叔“没能继续读书后悔吗”，大叔笑了，“没什么后悔不后悔，那时候条件不允许，我要是去了，家里会垮。现在生活好了，我的娃儿们都读书。”

第二位的故事发生在剑川县。晨雾还没有散去，一早敲了三家住户都没人在，村干部说，大家采菌的采菌，下地劳作的下地劳作。于是，抱着试试的心态敲了第四家门，终于，一个面带腼腆、眼眸清澈的小姑娘打开了门，寒暄几句后便开始了访问，

“请问您哪一年出生的？”

“2000年出生的，不到23岁。”

……

“请问您有几个子女？（包括继子继女、养子养女和已去世子女）”

“一个女儿，6岁。”

我顿了顿，虽然知道农村地区女性婚育普遍较早，但16岁孕育还是让我有些惊诧。社会学家马克斯·韦伯说，应当把价值中立性作为社会学研究中必须遵守的方法论准则，调研者必须放弃任何主观的价值观念，严格以客观、中立的态度进行观察和分析。[①] 但是当我看到这一幕，心中还

① 〔德〕马克斯·韦伯：《社会科学方法论》，韩水法、莫茜译，中央编译出版社，1999，第20—21页。

是五味杂陈，苍蝇落在她那件褪色起球的半袖上，落在露出的黝黑小臂上，落在她沾满污垢的破旧粉色拖鞋上，一双有些皲裂的脚来回晃动，驱赶着飞舞的苍蝇。她素面朝天，毛孔粗糙，笑起来眼睛亮亮的，带着些许戏谑的语气，回答着我访问的问题，似乎是在开着玩笑，但是当我重复问题时她又笑得很真诚。只惋惜当时没有给她和她的女儿留一张合影，那是灿烂的、天真无邪的，少了些渴望和世俗，只有灵动和安于现状的满足。访问结束我问她“你想过继续读书或外出打工吗”，她摇了摇头，“不知道，应该不会吧。”与她在问卷中大部分的回答类似，都是“不知道”。或许是家庭的压力，或许是本身没有足够的思想见闻，这种自洽显得无奈又真实。作为性别平等领域研究感兴趣者，我希望自己今后投身到普及农村性教育、性别平等教育事业中，让更多女性有思考的能力和选择的权利。

（三）我们是一个团队

本次调研，除了技能经验的增长外，最大的收获就是团队和友谊。从小被教育“出门在外，安全第一，防人之心不可无”，就连入户访问时，女性访问员单独去只有男性受访者在家的情况都需要谨慎留心或陪伴。在离开剑川的那个晚上，我们几位女生结伴去超市购买一些零食水果，不到两公里的路，在拐入一段没有路灯的路段时，忽然看到一位身形微胖的中年男子，黑色外套敞开着，露出白色的内里在昏暗的灯光下若隐若现。他静静地跟在我们身后几米，一会拐弯进了街道侧面的厂房，很快出来继续跟着。一股寒流不由得从后脊背酥麻到全身，不禁想起如今社会存在的诈骗、拐卖等社会险恶。有些慌神，直到迅速赶到灯火通明、人头攒动的超市后才松下一口气。然而，买完东西后又遇上了难题，回旅店的路仍需经过那条昏暗的街道，虽是几个女生同行，但人生地不熟的，夜晚近 10 点，难免会有顾虑。

“兴许是看错了呢！人家大哥也未必是坏人！我们快点回去吧。”

“万一真是歹毒之人，又去叫了同伙，那不是人为刀俎我为鱼肉了吗？”

“出门在外，防范意识要强呀！”

一番纠结过后，我们决定采用更为保险的方法，叫同行男生结伴来接我们回去。起初有些不好意思，怕大晚上麻烦大家伙，犹豫着拨去电话，没想到电话那头痛快来一句“原地等着”，不到 10 分钟，远方驶来一辆小电动车，原来是玉泽带着瑞韬借了旅店老板的小电动车先行赶来，没过 5 分钟，男生大部队浩浩荡荡地走了过来，磊哥甚至都没来得及换拖鞋！

“真的不好意思，大晚上折腾你们！”

“说啥呢，我们可是一个团队！”

这下大家都笑了，团队的温度把剑川带着凉意的夏天捂成了热烈的旗帜，一行人就这么欢快地走回了旅店。

就在我们一行十几人动身离开时，居然又看到了那位黑衣大哥在超市门口一晃而过，虽不能妄加断定他人秉性，但是出门在外，要对自己的人身安全负责。希望这次经历也为所有参加其他调研的同学鸣响警钟，无论是入户调研工作还是路途中的准备活动，都要时刻谨记安全第一。

图1　与赶来帮助的同学们合影

薛智英2023年7月摄于剑川县

充实丰富的调研即将结束，此时我对分别并没有实感，仍然享受着大家在一起的时光和满满的收获。大巴车驶离最后一个村庄，沿路弯弯绕绕，大家都有些疲惫地瘫在座位上。忽然，雨霏飞速起身打开车窗，向窗外猛地挥手，定睛一看，原来是她下午访问过的一位大叔干农活回来刚好迎面遇上了我们离开的大巴，大叔也认出了她，转过身站在原地，一手拿着劳作工具，一手高高举过头顶，热烈地挥手，形成了一个扇形，大叔笑得眉眼弯弯，我却有些鼻子酸涩。不仅是离愁别绪汹涌，更是被云南百姓的淳厚所感染。回想入户访问结束时，几乎每一户都会热情款待留下吃饭或塞给我们零食水果；回想罗老师的教诲和队友之间的合作，我心里暖暖的；回想每一个村子，山再高水再长，路再远再弯绕，总有着完备的村委会公共服务机构，耐心善良的村干部引导我们走进村子，向我们介绍近些年的发展变迁；也总有可口的饭菜在村委会等待着晚归的我们……

图 2　访户送的零食和水果（部分）

薛智英 2023 年 7 月摄于剑川县和巧家县

也有遗憾。由于调研时间较为短促，我们以完成任务为主，仅仅依靠观察法和提问的方式，缺少结构或半结构化访谈带来的真实感，没能更多地站在女性视角去深度沟通农村女性的生活现状和幸福感来源，也没能有更多时间与村干部进行更深入的交流。本文涉及面较为广泛，没能专注于某个现象或问题细细研讨，但也为我日后的田野调查、民族志打下基础，在将来的学习调研中，我将尝试把关注点凝聚到更为具体的问题上，例如以妇女视角探究农村地区性别平等与发展、网络普及下妇女对外部世界的认知及对现有生活的影响、乡村振兴给农民带来的感受等。

图3　罗老师在剑川古城的咖啡馆给学生分享调研心得

咖啡店老板2023年7月摄于剑川县

调研农村生活，不能只看绿水青山、猪牛马羊，而是要关注农民切实的收益；不能只看房屋院落大小，而是要关注卫生条件；不能只看当今情况，而是要关注村民对未来发展的信心信念。以客观数据记录中国，用科学带来革新；以人文关怀对待百姓，用真诚推动发展。致敬乡村治理专家，致敬基层工作者，致敬劳动人民！

青衿之志，履践致远

张境芳

不知不觉，距离调研结束已经有将近半年的时间，翻看自己在调研过程中的零碎记录以及调研结束一个月后写的小结，到现在调研结束半年后，每个阶段都有不同的体悟。之前记录的是碎片化的心得和体会，回来之后难有系统的时间将其整理，近期总算能够静下心来，细细梳理总结这次宝贵的调研经历。

一　调研缘起

思绪一下子回到了去往昆明的飞机上，在这之前，我对社会调查知之甚少，本科和硕士阶段的专业均是教育学专业，没有参与过相关调查，对其理解还停留在书本和论文中。王思斌教授在《社会学教程》中提出，社会调查研究是在运用科学方法，直接接触社会生活，收集有关资料的基础上，对所获经验材料进行分析、概括和加工，以期能够正确地认识社会、预测社会变迁的趋势并提出应对策略。[①]常用的社会调查方法有访谈法、问卷法、观察法、文献法，与我硕士所学教育学中的调查研究方法，有一些相同的部分，所以，从这个意义上来看，我并不全然是调查研究的“门外汉”，本科毕业论文选取了问卷法，但流程较为简单，数据分析还不成熟，深知需要自己学习和精进之处还很多。

之所以想参与2023年中国综合社会调查（CGSS），一是源于实地调查对于人文社会科学发展的重要性。习近平总书记说过，“调查研究是谋事之基、成事之道，没有调查就没有发言权，没有调查就没有决策权”[②]，一味在办公室里苦思冥想是做不出好研究，写不出高水平论文的。实践决定认识，只有实地参与调查，走在田野里，走在城镇中，深入了解社会现状，所做的研究才能够找准痛点和难点，真正满足多方需求，进而推动社会进步。二是源于自己已有的学术基础和科研经历。攻读硕士学位期间，我曾参与教育部人文社会科学规划基金项目“关于推进社会组织参与社区教育研究”，对于乡村振兴、农村社区治理、农村民间组织、农村社区教育进行了研究，并发表了相关学术论文。但在研究过程中，由于缺乏实地调查，对很多数据、民间组织分类、基层治理方式没有直观且具象的认识，以致提出的一些策略性建议缺乏针对性，自己也不知道其到底是否可行。故而在内心深处，一直想参与实地调研，以解决内心的困惑，了解自

① 王思斌：《社会学教程》第3版，北京大学出版社，2021，第300页。

② 习近平：《在党的十九届一中全会上的讲话》，《求是》2018年第1期。

己所学能否应用于实践，但一直苦于个人调研难度大，缺乏方向性，学院也没有相关的项目开展，所以一直没有机会真正参与其中。当了解到中国综合社会调查云南项目在招募访问员时，基于自身对于调查研究强烈的向往，果断报名了。

报名之后，直至飞机降落到昆明长水机场，我的内心都是忐忑的，或许是去往陌生城市的担忧，或许是没有一个相识朋友的恐惧，但更多的是害怕和焦虑，害怕自己不能完成好调查任务，害怕自己做不好给团队带来不必要的麻烦，焦虑自己凭借已有的知识和实践经验能不能圆满完成这次调查任务。这些忧虑在培训过程中逐渐消解。为期两天的培训，让我对中国社会综合调查（CGSS）这个项目有了更深的了解，对访问员责任、访问技巧、工作流程、调查样本、系统使用、居民问卷有了清楚的认识，并在一次次小组互相访问中得到了实操训练。我明白了自己身为访问员的工作使命，也明白了调研工作应该如何具体开展，有了完成调研任务的自信和底气。

本次中国综合社会调查，我们团队总共访问了云南省的 14 个村（社区），我访问了其中的 8 个村（社区）。在为期 12 天的调查过程中，我遇到了很多人，有一起参与调查的团队成员，有不辞辛劳带领我们去往访户家的村干部，有欣然接受访问的一个个受访者。也看到了许多跟山西不同的风土人情，有苍山洱海的浪漫，有古色古香的剑川古城、沙溪古镇，有“金沙水拍云崖暖”，还有“四时鸟语不断，长年和风送凉”。对云南农村社会以及社会调查工作有了更进一步的认识和了解，下文对调研过程中对经济发展、教育水平和弱势群体的感受谈谈自己的看法和思考。

二　走进云南

我是一名山西人，上学也在北方，在北方土生土长，鲜有去往南方的机会，不同于太原的四季分明，昆明则是四季如春。这次社会调查，去了云南省的多个村镇，包括大理白族自治州剑川县甸南镇回龙村和沙溪镇寺登村、昆明市寻甸回族彝族自治县仁德镇和柯渡镇新村、昭通市巧家县白鹤滩镇杨家湾村和核桃村、玉溪市新平彝族傣族自治县水塘镇金厂村和者竜乡渔科村，让我得以感受不一样的风土人情。

调研第一天，辗转从昆明到达剑川县。第一位受访者总是最让人难忘，即使经过半年，我还十分清晰地记得当时的场景，是一位 62 岁的阿姨，回答问题时略带紧张和不好意思，和女儿女婿同住，帮着带七个月大的外孙。刚开始问卷时，有一些不知所措，回答问题总要先看向旁边的女儿和女婿，进程过半之后，她回答问题越来越流畅和轻松，还剩最后几个问题，就在我庆幸能顺利结束访问时，家里的小孩突然开始哭闹，访问不得已暂停，最后在我多次劝说以及加快访问进度后，第一次入户访问总算是比较圆满地完成了。有了第一次的经验之后，第二位和第三位问卷调查竟出奇顺利。

来到云南之后，我不禁好奇这里的村民以何为生，便查阅了相关数据。《云南省 2022 年国民经济和社会发展统计公报》显示，2022 年，全省农林牧渔业总产值 6635.80 亿元，比上年增长 5.5%[1]，全年粮食、甘蔗、蔬菜（含食用菌）产量位于前列，柯渡镇的板栗、水塘镇的褚橙，均为当地就业和经济发展做出了重要贡献。接受我访问的 27 位受访者，多数在务农，种玉米、小麦等粮食作物。此外，茶叶和花卉等农产品的产量位居全国前列，包括高品质的普洱茶、滇红茶，2022 年鲜切花的产量达到了 180 亿枝，我有幸去过亚洲最大的鲜切花交易市场——斗南花卉市场，见到了处处是鲜花的盛景。

除了农业，云南省的旅游业一直是其支柱产业，旅游资源极为丰富，不仅有丽江古城、苍山洱海等自然景观，还有丰富的少数民族人文资源。这次去的回龙村和寺登村，虽同属于大理白族自治州，但两个村有明显的区别。寺登村由于《去有风的地方》这一电视剧的宣传，带火了沙溪古镇，有了沙溪古镇的旅游业资源加持，村民的动产、不动产、财产性收入显著提升，人流量变大，旅游业带来的第三产业发展潜力较大。回龙村在激发经济活力方面，还有很长的路要走。在寺登村的三位受访者，均有自己的房产，且大于 300 平方米，其中有一位是民宿主，2022 年全年收入 40 万元左右。但相似的是，回龙村和寺登村的 6 位受访者在关于阶层认同的回答上，均认为自己的社会层级较 10 年前有所下降。

与经济发展密切相关的是村民收入，受访者中有丧失劳动能力而没有收入来源的，有夫妻双失业的，也有低收入人群，有几位受访者还向我寻求帮助，奈何我能为他们做的实在太少太少……农村由于地理位置偏僻、交通不便、人才缺

① 云南省统计局、国家统计局云南调查总队：《云南省 2022 年国民经济和社会发展统计公报》，云南省统计局网站，2023 年 4 月 7 日，http:// stats.yn.gov.cn/pages_65_3320.aspx。

乏等多种因素，经济增速及村民收入还有很大的发展和提升空间。在核桃村，我遇到一位乡村振兴局的工作人员，他谈到目前已经全部脱贫摘帽，目前的工作重点主要是巩固脱贫攻坚的成果，真正达到“产业兴旺、生态宜居、乡风文明、治理有效、生活富裕”还任重道远，我也愈发感受到了自己身上的重担。

三　关于教育

约莫与我本硕期间所学教育学专业有关，每到一处，我都习惯性地关注这个地方的学校和教育情况。结束在剑川县的调研之后，有短暂的休息日，当时漫无目的地在剑川古城闲逛，走走停停，看到了剑川一中和金华一中，我惊讶于学校基础设施修建的完善程度，也惊讶于剑川一中 10% 的一本升学率。之后每到一个村，我时常会想，这个地方的学校环境如何、基础设施如何、师资条件如何，能否满足当地学生的教育需求。

2022 年，云南省高等教育招生人数、在校生及毕业生人数都有不同比例的增长。成人高等教育本、专科招生人数增长率高达 49.9%，小学毕业生升学率、九年义务教育巩固率、高中阶段教育毛入学率、高等教育毛入学率分别为 99.4%、97.4%、92.0%、55.6%。[①] 在农村社区，入学比

① 云南省统计局、国家统计局云南调查总队：《云南省 2022 年国民经济和社会发展统计公报》，云南省统计局网站，2023 年 4 月 7 日，http:// stats.yn.gov.cn/pages_65_3320.aspx。

例可能跟数据相距较远，我所采访的27位受访者中，除一位受访者拥有研究生学历，其余受访者的受教育程度均为高中及以下，27位受访者的父母受教育程度大多为小学或并未受过教育。虽说同为村，但村与村之间的基础教育水平也大不相同。我曾问回龙村的村民小组长，小组长说回龙村的孩子大多去镇上上学。而金厂村本身就有小学，即金厂小学。这次社会调查，最难走的是巧家县白鹤滩镇杨家湾村和核桃村，依山而建，开车需要走40分钟到1小时的盘山路，这两个村虽然都有自己的小学，即杨家湾小学和核桃村苗圃希望小学，但无论是学生数量还是教师数量，都还有所欠缺，核桃村村干部说小学目前有7位老师，仅有100多名学生。除了学校数量、师资水平，教育水平还与教育质量密切相关，没能有足够的时间了解到更多关于调研地教育资源的相关信息，也是我这次社会调查甚为遗憾的地方。

个人的受教育程度与职业选择、收入水平显著相关，一个地方的经济发展水平与教育质量也显著相关。就农村社区而言，我此次调研的8个村，村里多为上了年纪的老人、失业或是丧失劳动能力的中年人，每每想及此，我忍不住生出深深的无力感。面对这种情况，我常在想：教育能做些什么？我能做些什么？大力发展中等教育、高等教育可能收效甚微，因地制宜发展多种形式的成人教育、职业教育、社区教育，更切合农村实际。开展什么样的课程、怎样开展课程、如何保证课程质量，需要我们共同去探索，进而真正满足农村社区居民多样化的学习需求。

四　弱势群体

在社会调查的这些天里，给我感触最深的，就是村镇中的弱势群体。之前我对弱势群体只有一个相对模糊的概念，在访问过很多人后，我越来越想弄明白什么是“弱势群体”，不同的学者对其有不同的定义。唐钧认为“弱势群体”是由于信息的不对称、经济收入的不对称以及能力上的不对称而处于不公平地位的群体，离社会的主流文化或生活方式相对偏远。[①]吴南海从基本权利出发，对弱势群体进行了界定，弱势群体指基本权利受到很大程度损害，进而在社会资源的分配过程中处于不利地位，无法与其他人群进行正常的社会竞争，日益被边缘化的底层社会群体。[②]田文富认为弱势群体是特殊社会群体，由于某些障碍及缺乏经济、政治和社会机会，而在社会上处于不利地位，进而在社会性资源分配上具有经济利益的贫困性、生活质量的低层次性以及承受力较低。[③]在社会中处于弱势地位的群体大多生活贫困，个人及家庭收入无法达到最低生活标准；经济承受力和心理承受能力较为脆弱；大多没有技术专长，受教育程度较低；交往范围、交往层面狭窄，社会关系网络匮乏；现行户籍制度可能带来歧视，无法享受与城市居民同等的住房、教育、

① 唐钧：《关心和帮助弱势群体》，《科学中国人》2003年第7期，第24页。

② 吴南海：《论当代中国弱势群体的本质特征》，《中国集体经济》2008年第24期，第191—192页。

③ 田文富：《制度伦理建设中的弱势群体保护与弱势心态矫正》，《学习论坛》2011年第8期，第58—60页。

医疗服务。

目前我国社会还存在大量的弱势群体，在农村地区尤甚，包括留守老人、留守妇女、失业人员、残疾人士、低收入人群等。这次调研，我采访了 27 位受访者，均为农村户口，让我印象深刻的有 3 位受访者。第一位是大理白族自治州沙溪镇寺登村一位 79 岁的奶奶，由于语言不通，需要村干部帮忙翻译，很多时候她是面对村干部在聊天，故而用时较久，两个多小时才结束访问，中间奶奶几度要放弃，在村干部的劝说以及我的哀求下，最终还是顺利完成了访谈。谈到医保、收入问题时，她尤其激动，老伴儿常年卧床，加上自己腿脚不便，需要经常去医院，每年需要花大笔的医药费，需要自费的部分很多，谈及此，奶奶情绪久未平复，访谈不得不中断，在村干部的安抚下，奶奶才逐渐平静下来接受后续访谈。很多时候，她并不是单纯回答我的问题就结束，而是好像找到了倾诉对象一般，想要把她的委屈一吐为快。第二位是寻甸彝族回族自治县柯渡镇新村一位身体残疾的叔叔。刚一见面，叔叔就向我询问，他由于脑梗导致右腿无法正常行走，能否申请大病医保，我仔细询问了他就诊的医院，建议他去就诊医院的医保科询问是否可以办理，需要哪些材料，备齐之后，如果符合条件可以去乡镇的医保中心办理。问卷结束之后，叔叔不停地向我道谢。至今我还是心有愧意，没能再多帮他查一查，问一问，也不知他现在的医保问题是否得到了解决。第三位是新平彝族傣族自治县者竜乡渔科村一位失业在家的阿姨。在访谈中我了解到，阿姨 2022 年在保温杯工厂上班，做质检工作，2023 年失业后回了老家，她特别爱笑，皮肤是健康的小麦色，看向我时，眼睛亮亮的，得知我是硕士研究生，她谈到她女儿刚毕业不久，还没找到工作，想考研，但又担心研究生的学费问题，询问我的建议。我的建议是想考可以试试，国家的“奖助贷补”政策很完善，不用担心学费的问题。等我离开时，山路难行，她拉着我的手把我送到了路边，现在眼前还能浮现出她的笑颜。她们或是由于丧失劳动能力，或是由于失业而处于相对弱势的地位，个人生活陷入了某种困境，这也促使我进一步思考关于农村弱势群体的社会保障制度究竟该如何才能辐射到更多需要帮助的人。

五　调研之后

曾经我以为调研的时间会过得很慢很慢，没想到仿佛一眨眼就结束了。为期12天的社会调查结束之后，感触颇多。在云南乡村，我看到了乡村振兴、农村社区治理、农村社区教育，以往我了解的多为空泛的理论，现在通过调研，我看到了真实的成效，包括随处可见的乡约民规，在寺登村村委会开展的茶艺课程以及由于发展旅游业而带来的产业兴旺，等等。回溯整个调研，我收到了很多来自陌生人的善意，大多数受访者在得知来意之后，都很配合。但并不是完全顺利，我也遇到了一些问题，由于农忙或者外出务工找不到访户是常有的事。剑川县回龙村62岁的阿姨是我本次社会调查的第一位受访者，访问过程中，受访者的女儿和女婿多次插话，好在经过提示之后，有所好转。有一位受访者是80多岁的奶奶，语言交流上有障碍，需要村干部中间做翻译，村干部出于好心，多次代替奶奶回答，但最后问卷只能是无效的。还有一位是柯渡镇新村的受访者，问卷开始之前询问他，他表示有时间，可以接受访问，但问卷快要结束之时，突然起身离开了访谈地点，表示要拒绝访问，让我十分诧异。我和村干部多次劝说无果，无奈，只能做废卷处理。但这些不顺利也敦促我不断提升个人处理问题的能力，高效完成了后续的调研任务。

社会调查结束并不意味着工作的结束，调查和研究紧密联系在一起，只调查不研究，就无法系统分析资料，更遑论对社会现象、社会问题、社会发展趋势作出清晰的判断和认识，提出有针对性的对策和建议亦无从谈起。身为一名学子，如何运用中国综合社会调查的数据，如何开展高水平的研究，如何选择切实的课题并产出优质的具有实践价值的研究成果，值得我们持续深入思考。这次在云南的调研，于我而言获益良多。

在个人成长方面，首先是人际交往。入户访问，对于之前的我是一件蛮难的事，总是习惯于待在自己的舒适圈，在云南的调研过程中，我不断跳出自己的心理舒适区，与团队成员相处，与村干部交流，与受访者攀谈，感受到了来自他乡的真诚与质朴。其次是心态转变。参与调研之前，我经历了一段迷茫和无止境精神内耗的时期，不明白自己该往何处努力，在十几天的调研以及结束后的思考中，我一步步找到了答案，想都是问题，做才是答案，正所谓人生在于体验而非结果，也不是一条条规定好的轨道，而是一望无际的旷野。我想，我拥有了比之前更为坚毅的内核。

在学术研究方面，可能每个人文社科类的学生都曾经有过这样的思考：我目前所做的研究有用吗？我也不例外，在硕士三年的学习和研究过程中，我曾不止一次有过这样的困惑。在云南的乡间小巷里，我慢慢找到了答案，了解到村民自治组织的运行方式，看到杨家湾村民自发参与厨师培训课程，看到几乎每个村都有“脱贫攻坚”的标语，每个村民都参与新型农村合作医疗保险，我知道我在文献中看到的并不是一句句空泛的策略，而是逐步在落到实处。认识反作用于实践，这个过程可能需要几年，甚至十几年，需要每一位理论研究者和工作者的共同努力。除了解答我过往研究的困惑，这次调研更让我明白自己的不足以及坚定了以后学术研究的方向，之前研究习惯于运用文献法，结论难免陷入空泛，在社会调查的过程中，我掌握了问卷法这一研究方法，并了解了具体的工作流程，今后的学术研究，还应该继续学习资料分析处理的方法，进而得出有意义有价值的研究结论，产出高质量的研究成果。

当然，人生总是有遗憾，从调研结束至今，我常常在想我自己有哪些做得不尽如人意的地方。调研之前，罗老师和督导员曾说调研会很辛苦，过程中我其实并未感觉到多累，只是由于每天的问卷量和团队工作任务，没办法跟每一位受访者进一步交流，就需要去找下一户，内心总有歉疚，我能再多解答他一些问题就好了，走得不那么匆忙就好了，在叔叔阿姨给我果子的时候，我不是一味拒绝，接受他们的善意就好了，再多了解一点这个村子就好了，再认真一点跟每个遇到的人说“再见”就好了……

十分感谢云南大学罗强强老师给我参与本次社会调查的机会，他常常只背一个书包，步履匆忙地走在团队的最前面，关心着每位同学的身体状况和衣食住行。十分感谢督导员杨李婕同学，很多复杂烦琐的工作都是她在解决，包括联系司机、分配样本、总结调研中出现的问题等。十分感谢我的两位舍友——梁铌和普焕莲，在她们身上，我深深感受到了属于00后的朝气与活力，以及乐学好学、不怕吃苦的品质。最后要感谢的是每一位热心帮助我们的村干部以及我的27位受访者，在百忙之中愿意接受访问，耐心地回答每一个问题，问卷才得以完成。

想到很多人既是见的第一面，也是最后一面，我会时不时伤感，虽不会再相见，但这次调研经历的种种将化为我继续前行的力量。青衿之志，履践志远，行而不辍，未来可期，这次社会调查并不是终点，而是起点，我将持续学习，努力把脚印刻在中国社会的大地上，为社会调查、学术研究、学科发展、社会发展贡献出自己的全部力量！

后　记

社会调查就是让我们抛开熟悉的生活环境和思想状态，去探索各种不同的环境和接触陌生的人，进而去发现社会、改造社会。20 世纪 30 年代，以费孝通为代表的一批社会学家齐聚云南大学。他们以国家和民族命运为己任，把学术研究与改造社会的实践相结合，在社会调查中认识中国、发现中国，开创了对后世影响深远的“魁阁精神”。“魁阁精神”一直激励着我们探索将课堂教学与社会调查相结合，鼓励学生从书斋走向田野，践行“志在富民”的学术品格。从 2012 年开始，我们探索推进社会学原理、社会研究方法等课程的教学改革，把社会调查带入社会学的教学与实践中，让同学们在社会调查的田野课堂中重新审视自我，找到学术研究的问题意识和第一手资料。实践证明，学生在这个过程中不仅能够把理论方法与实际问题结合起来，更能够将研究兴趣与国家需求、社会需要紧密结合，一批优秀的成果在师生们的共同努力下付梓面世。

《田野里的中国——2023 年中国综合社会调查（云南）

笔记》共收录了19位督导员和访问员在社会调查过程中的所见所闻所思。他们在调查中逐步认识到社会调查不光是一项技术活，更是“感性与理性并存的一个思辨的过程”，“第一次与这么多陌生人产生现实中的对话，得以短暂地进入他们的生活世界，倾听他们的生命经验”并不是一件容易的事情。除了按照培训时要求开展入户的常规互动之外，更要带着情感和同理心去理解被访者，促使自己从“局外人”变成“局内人”，在与当地村民互动过程中去重新理解生活的意义，体验传统文化的魅力及其与现代发展的碰撞，观察城乡基层治理中的挑战与机遇，感受多元文化背景下的和谐与冲突。有同学写道，“这一次踏出同温层和舒适圈的社会调研给我的最大启发是把目光投向那些不同的车厢，侧耳倾听在车轨声掩盖下那许多乡村农人的失语”。

尽管写作风格各异，但是大家都用心、用情地总结和反思这次社会调查。他们发现，“社会调查绝对不是发个电子问卷，请周围认识的同学填一下便草草了事”，“中国综合社会调查不仅是一次地理的穿越，更是心灵与认知的深刻旅程”。在这个过程中，他们看到了各地区各民族的差异，感受到了交往中语言的力量，也认识到了乡村教育的重要性。在调查过程中，“田野即关系”。如何在团队成员之间建立互助关系，与调研地之间建立互惠关系，与调研对象之间形成互信关系，这是一门学问。建立关系的前提是信任。信任既是人与人之间建立稳定与持久关系的基石，也是社会运行的润滑剂以及社会整合为有机整体的重要因素。在社会调查中，建立带队老师与访问员之间的信任关系，督导员与访问员之间的信任关系，访问员之间的信任关系，以及访问员与被访者之间的信任，这些都至关重要。

调查之初，有的同学开始为没能跟大家一起吃到饭感到心酸，到后面慢慢理解调查中团队协作的重要性。郭光玉在调查途中突然生病，团队成员及时安慰并协助她完成入户任务。杜雨霏完成调查任务时已经是下午两点左右，其他访问员帮她去村部厨房煮了两个鸡蛋……这些看似平淡无奇的举止，处处体现调查中的信任建立与关系重塑。有的同学写道："山路再漫长，也有荡气回肠的歌声；夜晚再黑，也总有漫天闪烁的星辰。"

虽然此次调查时间仅半月有余，但是已经播下了思想的种子。同学们都怀着感恩之心去审视这次社会调查，认为"基层是最好的课堂，实践是最好的教材，群众是最好的老师"，要"以平静之心调研，以利他之心勤勉"，"以客观数据记录中国，用科学带来革新；以人文关怀对待百姓，用真诚推动发展"。张境芳同学写道："青衿之志，履践志远，行而不辍，未来可期。"李懿同学写道："在彩云之下，处处绽放着绚丽的花朵，我的种子从调研开始时在心中种下，但它的绽放，不只是调研，也不止于调研。"

当然，这本书能够顺利出版，我要感谢中国人民大学中国调查与数据中心。从 2012 年，我所在的大学就加入了中国社会调查网络（CSSN），先后完成了中国教育追踪调查、中国宗教场所调查等项目在宁夏的执行，与中心王卫东教授一起合作开展了宁夏留守儿童项目、宁夏青少年思想状况调查项目，并取得了可喜的效果。十余年来，中国人民大学中国调查与数据中心为我们培养学生提供了很好的平台。同时，我要感谢云南大学政府管理学院提供的良好学术氛围，让我有时间专心开展调查和研究工作。云南大学社科处的领导一直鼓励和支持我，并提供出版经费支持，这本书才得以有机会面世。社会科学文献出版社刘荣女士的专业素养和敬业精神给我留下了深刻的印象。她全程参与书稿的编辑和校对工作，有效地保证了书稿的质量。

最后，要感谢参与本次调查的督导员和访问员，他们跟我一起前往云南四县 14 个村（社区）开展调研并记录和反思这一过程。大家在一起欢乐的时光以及翻山越岭克服重重困难完成调查的细节永远镌刻在我的脑海中。当然，我还要感谢在调查过程中给我们提供帮助的各级领导和村（居）委会干部，在此不一一列出名字。对于大家的积极参与和给予的支持，我和所有受益者都会心存感激。想到与很多被访者既是第一次见面，也是最后一次见面，我跟大多数访问员一样，时不时会感到伤感，希望他们的生活越来越好。

本书涉及不同地方的调研数据和资料，有些地方表述中出现了方言，可能存在不尽一致的情形，加上作者能力有限，书中难免存在一些疏漏，敬请各位读者批评指正。

罗强强

2024 年 7 月 29 日